Jiǎntǐ Hànzì	中 国 话
Hànyǔ Pīnyīn	Zhōngguóhuà
Fántǐ Hànzì	中 國 話
Zhùyīn Fúhào	ㄓㄨㄥ ㄍㄨㄛ ㄏㄨㄚ
Wade-Giles	Chung1-kuo2-hua4
Guójì Yīnbiāo	[tʂuŋ⁵⁵kuo³⁵xuA⁵¹]

Zhōngguóhuà

Xià Cè (Hàn–Dé Bǎn)

对外汉语教材

柯佩琦　曹克俭　编著

**Lehrwerk für Chinesisch
als Fremdsprache**

Brigitte Kölla und Cao Kejian

SINCE 1897
The Commercial Press

下册　（汉德版）

Zhōngguóhuà · Xià Cè (Hàn-Dé Bǎn)

Lehrwerk für Chinesisch als Fremdsprache
Brigitte Kölla und Cao Kejian

Illustrationen Yang Xinglai und Liu Yan
Kalligrafie Yuan Fang
Gestaltungskonzept Musqueteers GmbH, Zürich / www.musqueteers.ch

Alleinvertrieb für Deutschland,
Österreich und die Schweiz

瑞士德国奥地利独家发行

Erchen Wu und Elisabeth Wolf
Bühlstrasse 45B, CH–8055 Zürich, Schweiz / Switzerland
bestellen@chinabooks.ch / www.chinabooks.ch
Tel. 0041 76 518 45 26, 0041 76 414 23 28

图书在版编目（CIP）数据

中国话：汉德版．下册／柯佩琦，曹克俭编著．—北京：
商务印书馆，2010
ISBN 978–7–100–06976–2

I．中… II．①柯…②曹… III．汉语－对外汉语教学－
教材 IV．H195.4

中国版本图书馆CIP数据核字（2010）第030899号

中国话·下册（汉德版）

柯佩琦　曹克俭　编著

商 务 印 书 馆 出 版
（北京王府井大街36号　邮政编码 100710）
商 务 印 书 馆 发 行
北京中科印刷有限公司印刷
ISBN 978 – 7 – 100 – 06976 – 2

2010 年 3 月第 1 版　　开本 880×1230　1/16
2010 年 3 月北京第 1 次印刷　印张 13¼

定价：92.00 元

Xìngmíng:

姓名：

学海无涯

目录 Mùlù

第六课

1 校园 Xiàoyuán

1.1 看图问答
Kàn tú wèndá

北京语言大学校园图
Běijīng Yǔyán Dàxué Xiàoyuántú

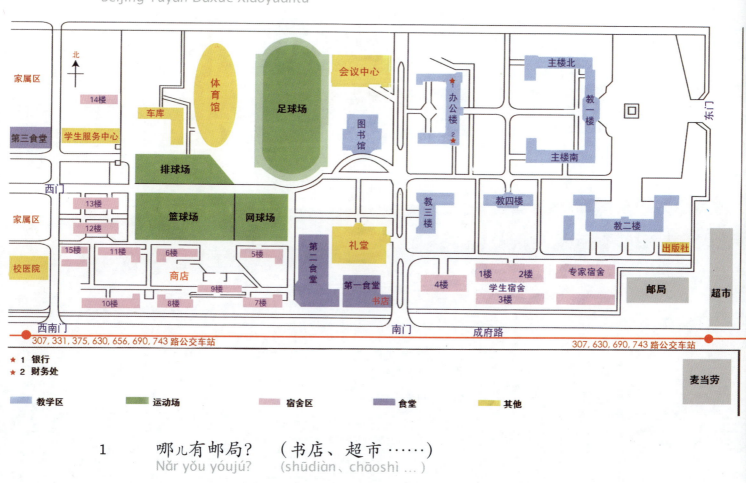

1   哪儿有邮局？　（书店、超市……）
　　Nǎr yǒu yóujú?　(shūdiàn、chāoshì …)

2   银行在哪儿？　（办公楼、主楼……）
　　Yínháng zài nǎr?　(bàngōnglóu、zhǔlóu …)

1.2   去哪儿？
Qù nǎr?

例子： 吃饭   如果要吃饭，我就去食堂。
Lìzi: chīfàn   *Rúguǒ yào chīfàn, wǒ jiù qù shítáng.*

1	借书、还书 *jiè shū、huán shū*	2	看病 *kànbìng*
3	买东西 *mǎi dōngxi*	4	踢足球 *tī zúqiú*
5	寄信、寄包裹、买邮票 *jì xìn、jì bāoguǒ、mǎi yóupiào*	6	参加学校大会 *cānjiā xuéxiào dàhuì*
7	看文艺演出 *kàn wényì yǎnchū*	8	领奖学金 *lǐng jiǎngxuéjīn*
9	换钱 *huàn qián*	10	买词典 *mǎi cídiǎn*

1.3   问答
Wèndá

一个新来的学生对北京不熟悉。请你看课文回答下边的问题。
Yí gè xīn lái de xuésheng duì Běijīng bù shúxī. Qǐng nǐ kàn kèwén huídá xiàbian de wèntí.

这是690路车站的站牌。起点站是颐和园，终点站是前门。前门在市中心。从北语到市中心有十多公里。
Zhè shì 690 lù chēzhàn de zhànpái. Qǐdiǎnzhàn shì Yíhéyuán, zhōngdiǎnzhàn shì Qiánmén. Qiánmén zài shìzhōngxīn. Cóng Běiyǔ dào shìzhōngxīn yǒu shí duō gōnglǐ.

第六课

从北语到前门很方便。690路北语站就在西南门对面。从西南门往东走几步，过马路就是。

如果出东门往南走，到了十字路口往西拐，过马路，还有另一个站。

Cóng Běiyǔ dào Qiánmén hěn fāngbiàn. 690 lù Běiyǔ Zhàn jiù zài xīnánmén duìmiàn. Cóng xīnánmén wǎng dōng zǒu jǐ bù, guò mǎlù jiù shì.

Rúguǒ chū dōngmén wǎng nán zǒu, dàole shízì lùkǒu wǎng xī guǎi, guò mǎlù, hái yǒu lìng yí gè zhàn.

城铁站

进城也可以坐城铁。出南门一直往西走，就能看见城铁站。过了五道口电影院，再走200米就到了。

Jìn chéng yě kěyǐ zuò chéngtiě. Chū nánmén yìzhí wǎng xī zǒu, jiù néng kànjiàn chéngtiězhàn. Guòle Wǔdàokǒu Diànyǐngyuàn, zài zǒu 200 mǐ jiù dào le.

1   从北语到市中心有多远？
    Cóng Běiyǔ dào shìzhōngxīn yǒu duō yuǎn?

2   要进城在哪儿上车？
    Yào jìn chéng zài nǎr shàngchē?

3   进城坐几路车？
    Jìn chéng zuò jǐ lù chē?

4   从几点到几点有车？
    Cóng jǐ diǎn dào jǐ diǎn yǒu chē?

5   附近还有别的车站吗？在什么地方？
    Fùjìn hái yǒu bié de chēzhàn ma? Zài shénme dìfang?

6   到城铁站怎么走？走路去，行吗？
    Dào chéngtiězhàn zěnme zǒu? Zǒulù qù, xíng ma?

2 留学生宿舍 Liúxuéshēng Sùshè

2.1 宿舍楼
Sùshèlóu

这座留学生宿舍楼有十层。每层各有二十个房间，还有厨房和洗衣房。

Zhè zuò liúxuéshēng sùshèlóu yǒu shí céng. Měi céng gè yǒu èrshí gè fángjiān, hái yǒu chúfáng hé xǐyīfáng.

有单人房间，也有双人房间。房间里边有空调、电视、电话。

Yǒu dānrén fángjiān, yě yǒu shuāngrén fángjiān. Fángjiān lǐbian yǒu kōngtiáo、diànshì、diànhuà.

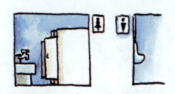 

最便宜的房间不带卫生间。楼道里有公用厕所和浴室。

Zuì piányi de fángjiān bú dài wèishēngjiān. Lóudào li yǒu gōngyòng cèsuǒ hé yùshì.

第六课

6

一楼有服务台、电话间、学生信箱。
Yī lóu yǒu fúwùtái、diànhuàjiān、xuéshēng xìnxiāng.

二楼中间有一个小商店，卖文具、日用品、小食品、水果。
Èr lóu zhōngjiān yǒu yí gè xiǎo shāngdiàn, mài wénjù、rìyòngpǐn、xiǎoshípǐn、shuǐguǒ.

什么是文具？
Shénme shì wénjù?

铅笔(支)　毛笔(支)　钢笔(支)　圆珠笔(支)　信封　纸(张)　本子

什么是日用品？
Shénme shì rìyòngpǐn?

剃须刀(把)　洗头水(瓶)　牙膏(支)　香皂(块)　卫生纸(卷)　电池　打火机　香烟(盒)

什么是小食品?
Shénme shì xiǎoshípǐn?

冰棍儿　口香糖　糖果　薯片　饼干

什么是水果?
Shénme shì shuǐguǒ?

荔枝　梨　桃　苹果　香蕉　西瓜　葡萄(串)

第六课

2.2 登记住房
Dēngjì zhùfáng

有个学生叫索菲，刚到学校，请服务员给她登记住房。
Yǒu gè xuésheng jiào Suǒfēi, gāng dào xuéxiào, qǐng fúwùyuán gěi tā dēngjì zhùfáng.

■ 麻烦您登记住房。
Máfan nín dēngjì zhùfáng.

▲ 请您填一下表吧！
Qǐng nín tián yí xià biǎo ba!

■ 填好了。
Tiánhǎo le.

▲ 让我看看护照和录取通知书。
Ràng wǒ kànkan hùzhào hé lùqǔ tōngzhīshū.

这是您的钥匙。您的房间是506号，坐电梯到五楼，往右走。
Zhè shì nín de yàoshi. Nín de fángjiān shì 506 hào, zuò diàntī dào wǔ lóu, wǎng yòu zǒu.

■ 我能在房间里打国际长途吗？
Wǒ néng zài fángjiān li dǎ guójì chángtú ma?

▲ 打国际、国内长途最好买张电话卡。
Dǎ guójì、guónèi chángtú zuìhǎo mǎi zhāng diànhuàkǎ.

■ 谢谢，再见。
Xièxie, zàijiàn.

▲ 再见。您有什么事不明白，再来找我。
Zàijiàn. Nín yǒu shénme shì bù míngbai, zài lái zhǎo wǒ.

3 北京的交通 Běijīng de Jiāotōng

3.1 交通工具
Jiāotōng gōngjù

地铁   公共汽车   无轨电车   出租汽车   自行车

北京和其他大城市一样，有各种各样的交通工具，有地铁、公共汽车、无轨电车、出租汽车、自行车。虽然北京的公交车票价很合算，但是很多人还是愿意骑自行车，因为上下班的时候车特别挤。

如果不堵车，和其他交通工具比起来，当然打车最舒服，而且没有欧洲那么贵，所以北京人常常打车。

有些人自己开车，但是堵车的时候，跟走路一样慢，可能比走路还慢，停车也不方便。

要是离地铁站近，就最好坐地铁，又快又准时，票价和坐公交车差不多。

Běijīng hé qítā dà chéngshì yíyàng, yǒu gèzhǒng-gèyàng de jiāotōng gōngjù, yǒu dìtiě、gōnggòng qìchē、wúguǐ-diànchē、chūzū qìchē、zìxíngchē. Suīrán Běijīng de gōngjiāochē piàojià hěn hésuàn, dànshì hěn duō rén háishi yuànyì qí zìxíngchē, yīnwèi shàng-xiàbān de shíhou chē tèbié jǐ.

Rúguǒ bù dǔchē, hé qítā jiāotōng gōngjù bǐ qǐlái, dāngrán dǎchē zuì shūfu, érqiě méiyǒu Ōuzhōu nàme guì, suǒyǐ Běijīngrén chángcháng dǎchē.

Yǒuxiē rén zìjǐ kāichē, dànshì dǔchē de shíhou, gēn zǒulù yíyàng màn, kěnéng bǐ zǒulù hái màn, tíngchē yě bù fāngbiàn.

Yàoshi lí dìtiězhàn jìn, jiù zuìhǎo zuò dìtiě, yòu kuài yòu zhǔnshí, piàojià hé zuò gōngjiāochē chàbuduō.

第六课

3.2 查北京地铁图，看乘车路线
Chá Běijīng Dìtiětú, kàn chéngchē lùxiàn

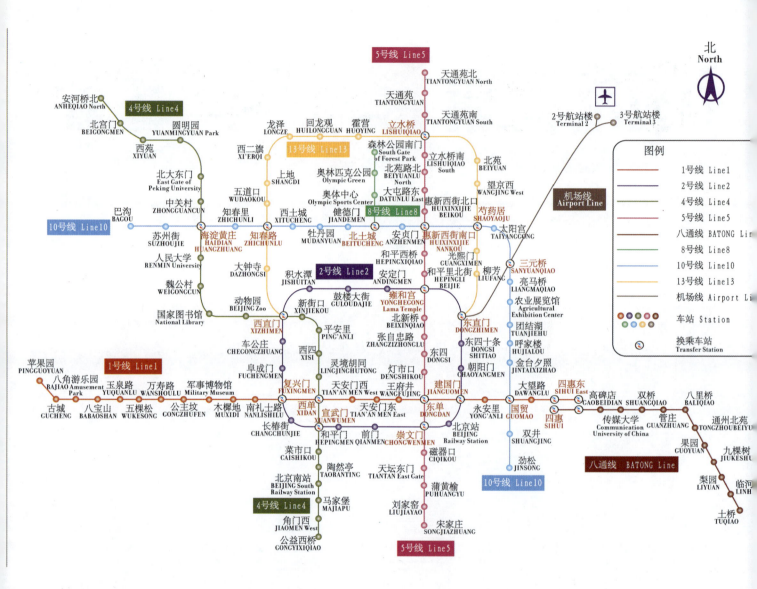

1

你在建国门，你想在那儿坐地铁去国家体育场（"鸟巢"）。你乘几号线，在哪儿换车，换几次车，坐几站换车？
Nǐ zài Jiànguómén, nǐ xiǎng zài nàr zuò dìtiě qù Guójiā Tǐyùchǎng ("Niǎocháo"). Nǐ chéng jǐ hào xiàn, zài nǎr huànchē, huàn jǐ cì chē, zuò jǐ zhàn huànchē?

 我从建国门坐……
Wǒ cóng Jiànguómén zuò …

2

你在五道口，你得去首都机场3号航站楼。
Nǐ zài Wǔdàokǒu. Nǐ děi qù Shǒudū Jīchǎng 3 hào hángzhànlóu.

我从五道口坐……
Wǒ cóng Wǔdàokǒu zuò …

第六课

3.3 听对话，做判断
Tīng duìhuà, zuò pànduàn

万老师和柯老师从三元桥出发去飞机场。
Wàn lǎoshī hé Kē lǎoshī cóng Sānyuánqiáo chūfā qù fēijīchǎng.

万老师不想坐地铁，因为带行李坐地铁不方便。
Wàn lǎoshī bù xiǎng zuò dìtiě, yīnwèi dài xíngli zuò dìtiě bù fāngbiàn.

柯老师不想打车，因为常常堵车。
Kē lǎoshī bù xiǎng dǎchē, yīnwèi chángcháng dǔchē.

万老师不想坐大巴，因为大巴比较慢。
Wàn lǎoshī bù xiǎng zuò dàbā, yīnwèi dàbā bǐjiào màn.

他们最后决定坐地铁和快轨。
Tāmen zuìhòu juédìng zuò dìtiě hé kuàiguǐ.

他们应该提前两个小时到飞机场。
Tāmen yīnggāi tíqián liǎng gè xiǎoshí dào fēijīchǎng.

4 交通事故 Jiāotōng Shìgù

4.1 看图画搭配事故报道
Kàn túhuà dāpèi shìgù bàodào

A

B

C

D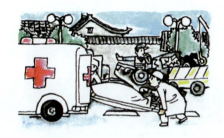

1 东三环交通事故，死二人。
Dōngsānhuán jiāotōng shìgù, sǐ èr rén.

5月3日15时左右，东三环上两辆小汽车相撞。车被撞翻，司机被撞死。三环被堵三个小时。
5 yuè 3 rì 15 shí zuǒyòu, Dōngsānhuán shang liǎng liàng xiǎoqìchē xiāng zhuàng. Chē bèi zhuàngfān, sījī bèi zhuàngsǐ. Sānhuán bèi dǔ sān gè xiǎoshí.

2 酒后开车伤人。
Jiǔ hòu kāichē shāng rén.

昨晚，前门附近一辆小车司机拐错方向，一位行人被撞伤。警察告诉记者，原因是司机酒后开车。
Zuówǎn, Qiánmén fùjìn yí liàng xiǎochē sījī guǎicuò fāngxiàng, yí wèi xíngrén bèi zhuàngshāng. Jǐngchá gàosù jìzhě, yuányīn shì sījī jiǔ hòu kāichē.

第六课

3   高速公路注意车速。
Gāosù gōnglù zhùyì chēsù.

昨天早晨8时沪杭高速上的交通事故中，有三辆小车被撞坏，一人被撞死。警察说原因是一辆小车车速太快，撞到了前边的车。
Zuótiān zǎochen 8 shí Hù-Háng gāosù shang de jiāotōng shìgù zhōng, yǒu sān liàng xiǎochē bèi zhuànghuài, yì rén bèi zhuàngsǐ. Jǐngchá shuō yuányīn shì yí liàng xiǎochē chēsù tài kuài, zhuàngdàole qiánbian de chē.

4   司机睡觉，造成京津高速大堵车。
Sījī shuìjiào, zàochéng Jīng-Jīn gāosù dà dǔchē.

昨天早晨3时左右，在北京到天津的高速公路上发生了交通事故。虽然一个小时后，事故就解决了，但是因为后边的一些司机在等的时候睡着了，公路被堵了五个小时。
Zuótiān zǎochen 3 shí zuǒyòu, zài Běijīng dào Tiānjīn de gāosù gōnglù shang fāshēngle jiāotōng shìgù. Suīrán yí gè xiǎoshí hòu, shìgù jiù jiějué le, dànshì yīnwèi hòubian de yìxiē sījī zài děng de shíhou shuìzháo le, gōnglù bèi dǔle wǔ gè xiǎoshí.

4.2   谈交通事故
Tán jiāotōng shìgù

世界上每天有14万多人因交通事故死亡。公安局的一位干部说，发生交通事故一方面是因为道路问题，天气不好，雨天雪天，容易发生事故；另一方面有些司机，特别是青年司机，喜欢开快车，开车时打手机、聊天儿，不注意信号，或者酒后开车；还有可能司机是新手，或者车太旧了。
Shìjiè shang měi tiān yǒu 14 wàn duō rén yīn jiāotōng shìgù sǐwáng. Gōng'ānjú de yí wèi gànbù shuō, fāshēng jiāotōng shìgù yì fāngmiàn shì yīnwèi dàolù wèntí, tiānqì bù hǎo, yǔtiān xuětiān, róngyì fāshēng shìgù; lìng yì fāngmiàn yǒuxiē sījī, tèbié shì qīngnián sījī, xǐhuan kāi kuài chē, kāichē shí dǎ shǒujī、liáotiānr, bú zhùyì xìnhào, huòzhě jiǔ hòu kāichē; hái yǒu kěnéng sījī shì xīnshǒu, huòzhě chē tài jiù le.

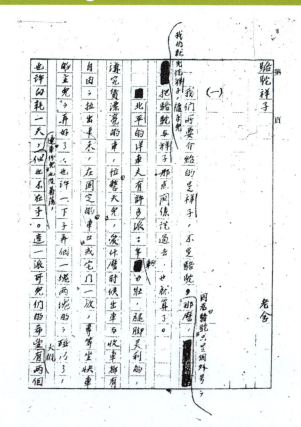

祥子出生在农村，18岁的时候他失去了父母和土地。后来他来到北京城，当了一名人力车夫。年轻的祥子有两个理想，一是买一辆自己的车，二是建立一个幸福的家庭。

开始，祥子没有钱给自己买车，他每天租车拉。为了攒钱买车，祥子每天从早到晚拉车，连过年都不休息。两年之后他终于攒够了钱买来了一辆新车。可是这辆车被当兵的抢走了。

新车没有了，祥子再次租车拉。三年之后祥子好容易又攒了一笔钱，这笔钱却被一个骗子骗走了。祥子虽然很难过，但是他没有失去希望。

第六课

他第三次买车不久，他的妻子怀孕难产。为了救妻子，他把钱都花光了，却还是没有救成，妻子和孩子都死了。最后只好把车也卖了。

车没有了，家也没有了。祥子终于从一个充满理想的年轻人，变成了一个混混儿。

Xiángzi chūshēng zài nóngcūn, 18 suì de shíhou tā shīqùle fùmǔ hé tǔdì. Hòulái tā láidào Běijīng Chéng, dāngle yì míng rénlì chēfū. Niánqīng de Xiángzi yǒu liǎng gè lǐxiǎng, yī shì mǎi yí liàng zìjǐ de chē, èr shì jiànlì yí gè xìngfú de jiātíng.

Kāishǐ, Xiángzi méiyǒu qián gěi zìjǐ mǎi chē, tā měi tiān zū chē lā. Wèile zǎn qián mǎi chē, Xiángzi měi tiān cóng zǎo dào wǎn lāchē, lián guònián dōu bù xiūxi. Liǎng nián zhīhòu tā zhōngyú zǎngòule qián mǎiláile yí liàng xīn chē. Kěshì zhè liàng chē bèi dāngbīng de qiǎngzǒu le.

Xīn chē méiyǒu le, Xiángzi zài cì zū chē lā. Sān nián zhīhòu Xiángzi hǎoróngyì yòu zǎnle yì bǐ qián, zhè bǐ qián què bèi yí gè piànzi piànzǒu le. Xiángzi suīrán hěn nánguò, dànshì tā méiyǒu shīqù xīwàng.

Tā dì-sān cì mǎi chē bùjiǔ, tā de qīzi huáiyùn nánchǎn. Wèile jiù qīzi, tā bǎ qián dōu huāguāng le, què háishi méiyǒu jiùchéng, qīzi hé háizi dōu sǐ le. Zuìhòu zhǐhǎo bǎ chē yě mài le.

Chē méiyǒu le, jiā yě méiyǒu le. Xiángzi zhōngyú cóng yí gè chōngmǎn lǐxiǎng de niánqīngrén, biànchéngle yí gè hùnhunr.

练习
Liànxí

1

1A 用"多"提问　Yòng "duō" tíwèn

到车站有三百米。
Dào chēzhàn yǒu sānbǎi mǐ.

房间有十四平方米。
Fángjiān yǒu shísì píngfāngmǐ(=m²).

我有一米六八。
Wǒ yǒu yì mǐ liù bā.

这只鸭子有六斤。
Zhè zhī yāzi yǒu liù jīn.

这条路有三公里长。
Zhè tiáo lù yǒu sān gōnglǐ cháng.

1B 翻译　Fānyì

1　■　Wie komme ich zur Bank?
　　▲　Gehen Sie immer geradeaus bis zur Kreuzung. Biegen Sie dann nach rechts ab.
2　■　Entschuldigung, wo ist die Haltestelle der Linie 690?
　　▲　Gehen Sie am Kino vorbei, dann sehen Sie die Haltestelle auf der linken Seite.
3　■　Um wie viel Uhr fährt der letzte Bus (末车)?
　　▲　Er ist schon abgefahren. Sie müssen zu Fuss gehen!
4　Um in die Stadt zu gehen, nimmst du die Buslinie 690.
5　Wenn du ein Wörterbuch kaufen willst, musst du zur Buchhandlung gehen.
6　Wie lang ist der Jangtse? Wie hoch ist der Chomolungma (珠穆朗玛峰)? Wie gross ist China?

第六课

1C 下象棋 **Xià xiàngqí**

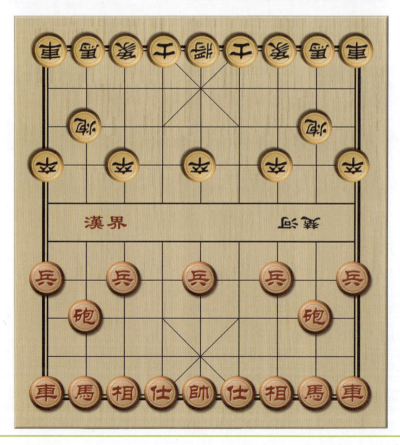

棋盘中间是一条河。河的一边是红棋，一边是黑棋。
Qípán zhōngjiān shì yì tiáo hé. Hé de yìbiān shì hóng qí, yìbiān shì hēi qí.

最外边的一排中间是将（帅）。
Zuì wàibian de yì pái zhōngjiān shì jiàng (shuài)[1].

将（帅）两边从里到外是：士（仕）、象（相）、马、车。
Jiàng (shuài) liǎngbiān cóng lǐ dào wài shì: shì (shì)、xiàng (xiàng)、mǎ、jū[2].

中间一排有两个炮（砲）。
Zhōngjiān yì pái yǒu liǎng gè pào.

河边有五个卒（兵）。
Hé biān yǒu wǔ gè zú (bīng).

将（帅）最重要。没有将（帅），就输了。
Jiàng (shuài) zuì zhòngyào. Méiyǒu jiàng (shuài), jiù shū le.

将（帅）和士（仕）的地方最小，一次只能走一步。
Jiàng (shuài) hé shì (shì) de dìfang zuì xiǎo, yí cì zhǐ néng zǒu yí bù.

士（仕）只可以斜走。
Shì (shì) zhǐ kěyǐ xié zǒu.

将（帅）只可以直走，而且和对方的帅（将）中间要有棋子。
Jiàng (shuài) zhǐ kěyǐ zhí zǒu, érqiě hé duìfāng de shuài (jiàng) zhōngjiān yào yǒu qízǐ.

如果不堵路，象（相）走"田"字的对角线；马走"日"字的对角线。
Rúguǒ bù dǔ lù[3], xiàng zǒu "tián" zì de duìjiǎoxiàn; mǎ zǒu "rì" zì de duìjiǎoxiàn.

这叫"马走日，象走田"。
Zhè jiào "Mǎ zǒu rì, xiàng zǒu tián".

象不可以过河。
Xiàng bù kěyǐ guò hé.

卒（兵）只能走一步。过河以前，只能往前走；过河以后，能往前、左、右走，但是不能后退。
Zú (bīng) zhǐ néng zǒu yí bù. Guò hé yǐqián, zhǐ néng wǎng qián zǒu; guò hé yǐhòu, néng wǎng qián、zuǒ、yòu zǒu, dànshì bù néng hòutuì.

车和炮（砲）都可以直走，可以走很多步。
Jū hé pào dōu kěyǐ zhí zǒu, kěyǐ zǒu hěn duō bù.

炮（砲）要吃（棋）子，得有"炮（砲）架子"，就是炮（砲）和对方中间有一个棋子。
Pào yào chī (qí)zǐ, děi yǒu "pàojiàzi", jiù shì pào hé duìfāng zhōngjiān yǒu yí gè qízǐ.

吃了对方的将（帅），就赢了。不过吃以前，要说"将！"。

第六课

Chīle duìfāng de jiàng (shuài), jiù yíng le. Búguò chī yǐqián, yào shuō "Jiāng!".

1 红棋的帅、仕、相、兵，在黑棋里是将、士、象、卒。
   Hóng qí de shuài、shì、xiàng、bīng, zài hēi qí li shì jiàng、shì、xiàng、zú.

2 "车"在象棋里念"jū"。
   "Chē" zài xiàngqí li niàn "jū".

3 不堵路：象走的"田"字中心没有棋子；马前进方向最近的点没有棋子。
   Bù dǔ lù: Xiàng zǒu de "tián" zì zhōngxīn méiyǒu qízǐ; mǎ qiánjìn fāngxiàng zuì jìn de diǎn méiyǒu qízǐ.

xiàngqí	象棋	chinesisches Schachspiel
qípán	棋盘	Schachbrett
qízǐ	棋子	Schachfigur
jiàng	将	schwarzer General
shuài	帅	roter General
shì	士	schwarzer Leibwächter
shì	仕	roter Leibwächter
xiàng	象	schwarzer Kanzler
xiàng	相	roter Kanzler
mǎ	马	Pferd
pào	炮（砲）	Kanone
zú	卒	schwarzer Soldat
bīng	兵	roter Soldat
shū	输	verlieren
xié	斜	schräg
duìjiǎoxiàn	对角线	Diagonale
pàojiàzi	炮（砲）架子	Lafette
yíng	赢	siegen
jiāng(jūn)	将（军）	Schach bieten

2

2A　选词填空　*Xuǎn cí tiánkòng*

块　　支　　张　　封　　根　　瓶　　卷　　把　　盒　　条　　串

一 ＿＿＿＿＿ 信　　　一 ＿＿＿＿＿ 香皂　　　一 ＿＿＿＿＿ 洗头水
yī　　　　　 xìn　　　yī　　　　　 xiāngzào　　　yī　　　　　 xǐtóushuǐ

一 ＿＿＿＿＿ 邮票　　　一 ＿＿＿＿＿ 铅笔　　　一 ＿＿＿＿＿ 卫生纸
yī　　　　　 yóupiào　　yī　　　　　 qiānbǐ　　　yī　　　　　 wèishēngzhǐ

一 ＿＿＿＿＿ 钥匙　　　一 ＿＿＿＿＿ 剃须刀
yī　　　　　 yàoshi　　　yī　　　　　 tìxūdāo

一 ＿＿＿＿＿ 香烟　　　一 ＿＿＿＿＿ 香烟　　　一 ＿＿＿＿＿ 香烟
yī　　　　　 xiāngyān　　yī　　　　　 xiāngyān　　yī　　　　　 xiāngyān

2B　德语怎么说?　*Déyǔ zěnme shuō?*

单人房　　　　单位　　　　单车　　　　单色　　　　单句
dānrénfáng　　dānwèi　　　dānchē　　　dānsè　　　dānjù

简单　　　　　菜单　　　　名单　　　　买单　　　　床单
jiǎndān　　　càidān　　　míngdān　　　mǎidān　　　chuángdān

办公室　　　　公用　　　　公司　　　　公务员　　　　公家
bàngōngshì　　gōngyòng　　gōngsī　　　gōngwùyuán　　gōngjia

公园　　　　　公共汽车　　　　公道　　　　公里　　　　公厕
gōngyuán　　　gōnggòng qìchē　　gōngdao　　　gōnglǐ　　　gōngcè

第六课

3

3A 加关联词 Jiā guānliáncí

例句： 她看你不在家就回去了。　　　　因为她看你不在家就回去了。
Lìjù:　　Tā kàn nǐ bú zài jiā jiù huíqù le.　　Yīnwèi tā kàn nǐ bú zài jiā jiù huíqù le.

1　你再喝酒就喝醉了。
　　Nǐ zài hē jiǔ jiù hēzuì le.

2　这孩子饱了还想吃！
　　Zhè háizi bǎo le hái xiǎng chī!

3　我没有时间也得背生词。
　　Wǒ méiyǒu shíjiān yě děi bèi shēngcí.

4　卫生间有香皂和洗头水，他不洗澡。
　　Wèishēngjiān yǒu xiāngzào hé xǐtóushuǐ, tā bù xǐzǎo.

5　你不可以骑自行车打手机。
　　Nǐ bù kěyǐ qí zìxíngchē dǎ shǒujī.

6　这些苹果甜、酸。
　　Zhèxiē píngguǒ tián、suān.

7　他不会书法。他喜欢买高级毛笔。
　　Tā bú huì shūfǎ. Tā xǐhuan mǎi gāojí máobǐ.

8　天气太冷，没有人买冰棍儿。
　　Tiānqì tài lěng, méiyǒu rén mǎi bīnggùnr.

9　打国际电话用电话卡。
　　Dǎ guójì diànhuà yòng diànhuàkǎ.

3B 选词填空 Xuǎn cí tiánkòng

离　　从

1　学校 ＿＿＿＿ 我家只有500米。＿＿＿＿ 我家骑车只要10分钟就到。
　　Xuéxiào　　　　 wǒ jiā zhǐ yǒu 500 mǐ.　　　 wǒ jiā qíchē zhǐ yào 10 fēnzhōng jiù dào.

2　北京站 ＿＿＿＿ 王府井有两站路。
　　Běijīngzhàn　　　　 Wángfǔjǐng yǒu liǎng zhàn lù.

3 我们现在刚开学，_____ 放假还有三个月。
Wǒmen xiànzài gāng kāixué, fàngjià hái yǒu sān gè yuè.

4 我的房间 _____ 厕所太近了，真臭！
Wǒ de fángjiān cèsuǒ tài jìn le, zhēn chòu!

5 _____ 明天开始美术馆有新的展览。
míngtiān kāishǐ měishùguǎn yǒu xīn de zhǎnlǎn.

6 漂亮的姑娘总是 _____ 我很远。
Piàoliang de gūniang zǒngshì wǒ hěn yuǎn.

7 _____ 普通农民到公司经理，他的生活可以写成一部小说。
pǔtōng nóngmín dào gōngsī jīnglǐ, tā de shēnghuó kěyǐ xiěchéng yí bù xiǎoshuō.

3C 比较北京和一个欧洲城市 Bǐjiào Běijīng hé yí gè Ōuzhōu chéngshì

交通工具　　　　　　开车上班　　　　　打车
jiāotōng gōngjù　　　kāichē shàngbān　　dǎchē

票价　　　　　　　　骑自行车
piàojià　　　　　　　qí zìxíngchē

上下班的时候　　　　地铁/城铁
shàng-xiàbān de shíhou　dìtiě/chéngtiě

3D 写小结 Xiě xiǎojié

Zürich ist so teuer wie NY

ZÜRICH - Weltweit ist das Leben nur in sechs Städten teurer als in Zürich. Das beweist eine neue Studie.

Das teuerste Pflaster der Welt liegt in Japan: In Tokio und Osaka ist das Leben so kostspielig wie sonst nirgends.

Gemäss der jüngsten Studie über die Lebenshaltungskosten der «Economist Intelligence Unit» mit Sitz in London kostet eine Taxifahrt vom Flughafen ins Zentrum von Tokio 230 Dollar. Und für ein zweigängiges Menü für zwei Personen müssen im Schnitt 185 Dollar hingeblättert werden.

Auch an dritter Stelle liegt mit Hongkong eine asiatische Stadt.

Zürich liegt auf Rang 7 – zusammen mit New York, der teuersten Stadt auf dem amerikanischen Kontinent. Bei Zürich Tourismus hat man damit keine Probleme. Sprecher Thomas Pfyffer: «Das Preis-Leistungsverhältnis stimmt. Zudem sind

zwei Drittel unserer Touristen Geschäftsleute.» Ebenfalls in den Top zwanzig liegt Genf: Rang 14 – punktgleich mit Paris. Die billigste Stadt Europas ist Belgrad.

In London sind die Lebenshaltungskosten so hoch wie seit zehn Jahren nicht mehr. Doch Oslo ist noch teurer und damit Spitzenreiter in Europa.

第六课

3E 选词填空　Xuǎn cí tiánkòng

准时　熟悉　合算　舒服　方便　挤
zhǔnshí　shúxī　hésuàn　shūfu　fāngbiàn　jǐ

1　虽然他是北京人，但是他在国外三年了，已经不 ＿＿＿＿＿＿＿ 北京了。
　　Suīrán tā shì Běijīngrén, dànshì tā zài guówài sān nián le, yǐjīng bù　　　　　Běijīng le.

2　北京地铁走得很 ＿＿＿＿＿＿＿ 。
　　Běijīng dìtiě zǒu de hěn

3　这件衣服只花了十块钱，我买得很 ＿＿＿＿＿＿＿ 。
　　Zhè jiàn yīfu zhǐ huāle shí kuài qián, wǒ mǎi de hěn

4　方便面做起来很 ＿＿＿＿＿＿＿ 。
　　Fāngbiànmiàn zuò qǐlái hěn

5　今天的菜油很少，我吃得很 ＿＿＿＿＿＿＿ 。
　　Jīntiān de cài yóu hěn shǎo, wǒ chī de hěn

6　周末很多人出去玩，公交车特别 ＿＿＿＿＿＿＿ 。
　　Zhōumò hěn duō rén chūqù wán, gōngjiāochē tèbié

7　上下班的时候车很挤，坐车不 ＿＿＿＿＿＿＿ 。
　　Shàng-xiàbān de shíhou chē hěn jǐ, zuòchē bù

8　用手机打国际长途不 ＿＿＿＿＿＿＿ 。
　　Yòng shǒujī dǎ guójì chángtú bù

9　30号我们考试，请大家 ＿＿＿＿＿＿＿ 到。
　　30 hào wǒmen kǎoshì, qǐng dàjiā　　　　　dào.

3F 这儿不让……！　Zhèr bú ràng … !

禁止通行　　禁止右转　　禁止行人通行　　禁止自行车通行　　禁止车辆停放

3G 选读 Xuǎndú （选读篇不再加拼音，光盘上有录音可以帮助你阅读。）

北京的城门

从前北京有城墙，有内城和外城。内城东边、西边、北边各有两个城门。南边
有三个城门。外城有七个城门。现在城墙没有了，还有两个城门：前门和德胜
门。一些地名还有"门"字：西直门、宣武门、崇文门、东直门……，那就是
以前有城门的地方。

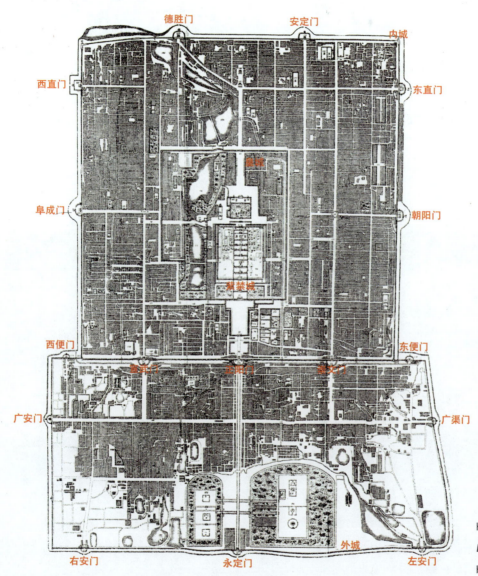

Kopie eines Stadtplans aus *A Description of Peking* von Pater Hyacinth Bitchurin von 1829.

第六课

3H　怎么走?　Zěnme zǒu?

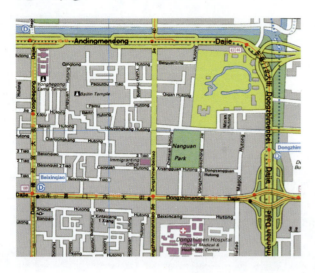

从东直门到雍和宫怎么走?
Cóng Dōngzhímén dào Yōnghégōng zěnme zǒu?

从东华门到美术馆怎么走?
Cóng Dōnghuámén dào Měishùguǎn zěnme zǒu?

4

4A　找不同　Zhǎo bùtóng

例子: Lìzi:	上车 shàngchē	下车 xiàchē	换车 huànchē	~~骑车~~ qíchē
1	坐车 zuòchē	乘车 chéngchē	开车 kāichē	打车 dǎchē
2	认识 rènshi	懂 dǒng	明白 míngbai	清楚 qīngchǔ
3	聊天儿 liáotiānr	告诉 gàosu	说话 shuōhuà	谈 tán
4	撞死 zhuàngsǐ	相撞 xiāng zhuàng	撞伤 zhuàngshāng	撞坏 zhuànghuài
5	决定 juédìng	判断 pànduàn	发生 fāshēng	解决 jiějué

4B 翻译 Fānyì

Lenkerin bei Verkehrsunfall verletzt

Bei einem Verkehrsunfall mit einem Personenwagen ist am Dienstagnachmittag die Lenkerin schwer verletzt worden. Insgesamt wurden sechs Fahrzeuge beschädigt.

Angetrunkener Velofahrer rammt Auto

Ein angetrunkener Velofahrer hat in der Nacht in Genf ein Auto gerammt. Dabei verletzte er sich so stark im Gesicht, dass er ins Spital eingeliefert werden musste. Der Unfall ereignete sich gegen 1.30 Uhr auf der Bahnhofstrasse, als der 19-Jährige in Richtung Bahnhof fuhr, wie die Polizei mitteilte.

5

5A 把"被"放在哪儿？ Bǎ "bèi" fàngzài nǎr?

1 A孩子的自行车B一个C穿黑衣服的男人D抢走了。
A háizi de zìxíngchē B yí gè C chuān hēi yīfu de nánrén D qiǎngzǒu le.

2 那个A老头儿B好容易C攒的一笔钱D骗走了。
Nà gè A lǎotóur B hǎoróngyì C zǎn de yì bǐ qián D piànzǒu le.

3 A留学生的奖学金B骗子领C走D了。
A Liúxuéshēng de jiǎngxuéjīn B piànzi lǐng C zǒu D le.

4 两个弟弟的糖果A都B哥哥C一个人吃光了D。
Liǎng gè dìdi de tángguǒ A dōu B gēge C yí gè rén chīguāng le D.

5B 用"连……都/也"强调 Yòng "lián … dōu/yě" qiángdiào

例句： 这个菜太一般了，我会做。
Lìjù: Zhège cài tài yìbān le, wǒ huì zuò.

这个菜太一般了，连我也会做。
Zhège cài tài yìbān le, lián wǒ yě huì zuò.

1 这个菜太辣了，四川人不敢吃。
Zhège cài tài là le, Sìchuānrén bù gǎn chī.

第六课

2   他吃素，不吃鸡蛋。
         Tā chī sù, bù chī jīdàn.

3   我请他吃饭，他不谢。
         Wǒ qǐng tā chīfàn, tā bú xiè.

4   他不喜欢这个菜，不要尝。
         Tā bù xǐhuan zhège cài, bú yào cháng.

5   这种酒我没喝过一次。
         Zhè zhǒng jiǔ wǒ méi hēguo yí cì.

6   他太饿了，不等一分钟。
         Tā tài è le, bù děng yì fēnzhōng.

5C   构词   Gòucí

市	具	进	面	字	地	发	版	租	学	北
shì	jù	jìn	miàn	zì	dì	fā	bǎn	zū	xué	běi
生	化	支	向	长	演	艺	便	铁	课	言
shēng	huà	zhī	xiàng	cháng	yǎn	yì	biàn	tiě	kè	yán

方	地方	方向
fāng		

出
chū

文
wén

城
chéng

语法
Yǔfǎ

1.2

(127) **Konditionale Junktion**　假设复句

如果要吃饭，我就去食堂。
Rúguǒ yào chīfàn, wǒ jiù qù shítáng.

1.3

(107) **Fragen mit dem Adverb "duō"**　用副词"多"提问
"Yǒu", hier in der Bedeutung von "schätzungsweise sein", kann auch entfallen.

邮局（有）多远?
Yóujú (yǒu) duō yuǎn?

2.2

(94) **Sätze mit Doppelfunktionswort** 兼语句

Subjekt	Angabe	Prädikat	Objekt Subjekt		Angabe	Prädikat	Objekt
（我） (Wǒ)	麻烦 máfan	您 nín			登记 dēngjì	住房。 zhùfáng.	
	有 Yǒu	个学生 gè xuésheng		刚 gāng	到 dào	北京。 Běijīng.	

3

3.1

Junktionen 复句

(125) 递进 打车最舒服，而且没有欧洲那么贵。
Dǎchē zuì shūfu, érqiě méiyǒu Ōuzhōu nàme guì.

(121) 并列 （一）边听（一）边看！
(yì)biān tīng (yì)biān kàn!

坐地铁又快又准时。
Zuò dìtiě yòu kuài yòu zhǔnshí.

(126) 转折 虽然车票不贵，但是很多人还是愿意骑车。
Suīrán chēpiào bú guì, dànshì hěn duō rén háishi yuànyì qíchē.

(124) 因果 （因为）车钱便宜，所以北京人常常打车。
(Yīnwèi) chēqián piányi, suǒyǐ Běijīngrén chángcháng dǎchē.

北京人常常打车，因为车钱便宜。
Běijīngrén chángcháng dǎchē, yīnwèi chēqián piányi.

(127) 假设　　　　如果不堵车，打车就最舒服。
Rúguǒ bù dǔchē, dǎchē jiù zuì shūfu.

要是离地铁站近，坐地铁就最好。
Yàoshi lí dìtiězhàn jìn, zuò dìtiě jiù zuì hǎo.

Beachte: Teilsätze werden auch häufig ohne Bindewort verbunden. Die Bedeutung der Junktion ist dann nur aus dem Kontext ersichtlich. (Siehe Liànxí 3A)

(97) **Komparativ** 比较方法

1　　北京和*其他城市一样，有……　　　　* 跟、与、同
Běijīng hé qítā chéngshì yíyàng, yǒu …　　　　gēn、yǔ、tóng

车钱和坐地铁差不多。
Chēqián hé zuò dìtiě chàbuduō.

2　　开车跟走路一样慢。
Kāichē gēn zǒulù yíyàng màn.

这辆车跟那辆不一样大。
Zhè liàng chē gēn nà liàng bù yíyàng dà.

3　　在日本打车跟欧洲一样贵。
Zài Rìběn dǎchē gēn Ōuzhōu yíyàng guì.

在北京打车没有欧洲（那么）贵。
Zài Běijīng dǎchē méiyǒu Ōuzhōu (nàme) guì.

4　　开车比走路（还）慢。
Kāichē bǐ zǒulù (hái) màn.

开车不比走路慢。
Kāichē bù bǐ zǒulù màn.

5　　和其他交通工具比起来，……
Hé qítā jiāotōng gōngjù bǐ qǐlái, …

第六课

4

4.1

(96) **Der "bèi"-Satz** "被"字句
Die Präposition "bèi" kennzeichnet den passivischen Gebrauch des Verbs; dem Subjekt des Verbs kommt Objekt-Bedeutung zu. Nach dem Verb steht zwingend mindestens ein weiteres Sprachzeichen.

Subjekt	被	Verb + Komplement
车 Chē	被 bèi	撞翻。 zhuàngfān.
三环 Sānhuán	被 bèi	堵三个小时。 dǔ sān gè xiǎoshí.

5

(96) **Die Präposition "bèi" + Objekt** 介词"被"+宾语
Die Präposition "bèi" kann ein Objekt mit Subjektbedeutung bei sich haben.

Subjekt	被 + Objekt	Verb + Komplement (+ 了)
他的车 Tā de chē	被当兵的 bèi dāngbīng de	抢走了。 qiǎngzǒu le.

(115) **Hervorhebung mit** "lián ... dōu/yě" 用"连……都/也"强调
Die Präposition "lián" dient der Hervorhebung einzelner Satzglieder und kennzeichnet "ausnahmslos". Sie bildet mit dem Adverb "dōu" oder "yě" eine Klammer. Die unterstrichenen Satzglieder stehen immer vor dem Hauptverb.

祥子连过年也不休息。
Xiángzi lián guònián yě bù xiūxi.

生词
Shēngcí

1

D	xiàoyuán	(N)	校园	Campus

1.1

B	tú	(N)	图	Plan, Illustration
D	wèndá	(V)	问答	fragen und antworten
X	xiàoyuántú	(N)	校园图	Campusplan
C	jiāshǔ	(N)	家属	Familienangehörige, –r
B	qū	(N)	区	Bezirk
A	lóu	(N)	楼	Gebäude, Stockwerk
A	fúwù	(V/N)	服务	bedienen; Dienstleistung
B	zhōngxīn	(N)	中心	Zentrum
A	chē	(N)	车	Fahrzeug
X	chēkù	(N)	车库	Garage
B	tǐyùguǎn	(N)	体育馆	Sporthalle
A	páiqiú	(N)	排球	Volleyball
A	chǎng	(N/ZEW)	场	Platz; (ZEW für Vorführung)
B	huìyì	(N)	会议	Tagung, Konferenz
X	bàngōnglóu	(N)	办公楼	Verwaltungsgebäude
X	zhǔlóu	(N)	主楼	Hauptgebäude
X	jiào yī lóu		教一楼	(Abk. von 教学楼一号楼) Unterrichtsgebäude Nr. 1
A	mén	(N)	门	Tür, Tor
B	wǎngqiú	(N)	网球	Tennis
A	shāngdiàn	(N)	商店	Laden
B	lǐtáng	(N)	礼堂	Aula

A	shūdiàn	(N)	书店	Buchladen
X	chūbǎnshè	(N)	出版社	Verlag
B	zhuānjiā	(N)	专家	Experte
A	yóujú	(N)	邮局	Postamt
X	chāojí shìchǎng		超级市场	Supermarkt
X	chāoshì	(N)	超市	Supermarkt
A	lù	(N/ZEW)	路	Weg, Strasse; Route
X	gōngjiāochē	(N)	公交车	öffentlicher Bus
A	chēzhàn	(N)	车站	Haltestelle
X	cáiwùchù	(N)	财务处	Finanzabteilung
B	jiàoxué	(N)	教学	Unterricht
X	yùndòngchǎng	(N)	运动场	Sportplatz

1.2

B	lìzi	(N)	例子	Beispiel
A	rúguǒ	(Konj)	如果	wenn, falls
A	jiè	(V)	借	ausleihen
A	huán	(V)	还	zurückgeben
A	jì	(V)	寄	schicken (per Post)
D	bāoguǒ	(N)	包裹	Paket
A	yóupiào	(N)	邮票	Briefmarke
A	cānjiā	(V)	参加	teilnehmen
B	dàhuì	(N)	大会	Vollversammlung, Kongress
A	wényì	(N)	文艺	Literatur und Kunst
A	yǎnchū	(V/N)	演出	aufführen; Aufführung
B	lǐng	(N)	领	abholen, beziehen
B	jiǎngxuéjīn	(N)	奖学金	Stipendium
A	huàn	(V)	换	wechseln, umsteigen

1.3

B	xīn	(Adv)	新	neulich
A	duì	(Präp)	对	gegenüber
B	shúxī	(V)	熟悉	gut kennen, vertraut sein
B	pái	(N)	牌	Schild

D	qǐdiǎnzhàn	(N)	起点站	Endstation (Start)
X	zhōngdiǎnzhàn	(N)	终点站	Endstation (Ziel)
X	Běiyǔ	(EN)	北语	Abk. von 北京语言大学
B	yǒu	(V)	有	schätzungsweise sein
A	gōnglǐ	(N)	公里	Kilometer
A	fāngbiàn	(Adj)	方便	bequem
A	wǎng	(Präp)	往	in Richtung
B	bù	(N)	步	Schritt
A	guò	(V)	过	überqueren
B	mǎlù	(N)	马路	Strasse
C	lùkǒu	(N)	路口	Strassenmündung
B	guǎi	(V)	拐	abbiegen, einbiegen
A	lìng	(Pro)	另	anderer, weiterer
A	jìn	(V)	进	eintreten
A	chéng	(N)	城	Stadt
X	chéngtiě	(N)	城铁	Stadtbahn
A	yìzhí	(Adv)	一直	geradeaus, ununterbrochen
B	diànyǐngyuàn	(N)	电影院	Kino
A	mǐ	(ZEW)	米	Meter
A	yuǎn	(Adj)	远	weit
X	shàngchē	(V+O)	上车	einsteigen
A	fùjìn	(N)	附近	in der Nähe
X	zǒulù	(V+O)	走路	zu Fuss gehen

2

A	liúxuéshēng	(N)	留学生	ausländischer Studierender

2.1

A	zuò	(ZEW)	座	(ZEW für grosse Bauten)
A	céng	(ZEW)	层	Stockwerk
A	gè	(Pro/Adv)	各	jeder; jeweils
B	chúfáng	(N)	厨房	Küche
X	xǐyīfáng	(N)	洗衣房	Waschküche

第六课

X	dānrén fángjiān		单人房间	Einzelzimmer
X	shuāngrén fángjiān		双人房间	Doppelzimmer
D	kōngtiáo	(N)	空调	Klimaanlage
A	dài	(V)	带	dabeihaben, mitbringen
X	wèishēngjiān	(N)	卫生间	Toilette, Bad
C	lóudào	(N)	楼道	Korridor
C	gōngyòng	(V)	公用	öffentlich
B	cèsuǒ	(N)	厕所	Toilette
C	yùshì	(N)	浴室	Badezimmer
X	fúwùtái	(N)	服务台	Empfang
X	diànhuàjiān	(N)	电话间	Telefonkabine
A	xìnxiāng	(N)	信箱	Briefkasten, Postfach
X	wénjù	(N)	文具	Schreibwaren
B	rìyòngpǐn	(N)	日用品	Alltagsartikel
B	shípǐn	(N)	食品	Esswaren
A	shuǐguǒ	(N)	水果	Früchte
A	qiānbǐ	(N)	铅笔	Bleistift
A	zhī	(ZEW)	支	(ZEW für Schreibwerkzeug)
A	gāngbǐ	(N)	钢笔	Füller
C	máobǐ	(N)	毛笔	Pinsel
B	yuánzhūbǐ	(N)	圆珠笔	Kugelschreiber
A	xìnfēng	(N)	信封	Briefumschlag
B	zhǐ	(N)	纸	Papier
A	běnzi	(N)	本子	Heft
X	tìxūdāo	(N)	剃须刀	Rasiermesser
A	bǎ	(ZEW)	把	(ZEW für Gegenstände mit Griff)
X	xǐtóushuǐ	(N)	洗头水	Haarshampoo
B	xiāngzào	(N)	香皂	Toilettenseife
C	yágāo	(N)	牙膏	Zahnpaste
X	wèishēngzhǐ	(N)	卫生纸	Toilettenpapier
C	diànchí	(N)	电池	Batterie
X	dǎhuǒjī	(N)	打火机	Feuerzeug
C	xiāngyān	(N)	香烟	Zigarette
B	hé	(N/ZEW)	盒	Schachtel

C	bīnggùnr	(N)	冰棍儿	Eis am Stiel
X	kǒuxiāngtáng	(N)	口香糖	Kaugummi
D	tángguǒ	(N)	糖果	Bonbon
X	shǔpiàn	(N)	薯片	Kartoffelchip
B	bǐnggān	(N)	饼干	Keks, Cracker
B	lí	(N)	梨	Birne
C	táo	(N)	桃	Pfirsich
A	píngguǒ	(N)	苹果	Apfel
A	xiāngjiāo	(N)	香蕉	Banane
B	xīguā	(N)	西瓜	Wassermelone
C	pútao	(N)	葡萄	Traube
C	chuàn	(ZEW)	串	(ZEW für aufgereihte Dinge)

2.2

B	dēngjì	(V)	登记	registrieren
D	zhùfáng	(N)	住房	Unterkunft
A	ràng	(V)	让	lassen
B	hùzhào	(N)	护照	Pass
D	lùqǔ	(V)	录取	aufnehmen, zulassen
A	tōngzhī	(V)	通知	benachrichtigen
X	tōngzhīshū	(N)	通知书	schriftliche Benachrichtigung
C	yàoshi	(N)	钥匙	Schlüssel
B	diàntī	(N)	电梯	Aufzug
B	guójì	(N)	国际	international
B	chángtú	(N)	长途	Fern(gespräch)
X	guónèi	(N)	国内	Inland
B	zuìhǎo	(Adv)	最好	am besten
D	kǎ	(N)	卡	Karte
A	míngbai	(V)	明白	verstehen

第六课

3

B	jiāotōng	(N)	交通	Verkehr

3.1

B	gōngjù	(N)	工具	Instrument, Werkzeug
D	dìtiě	(N)	地铁	U-Bahn
A	gōnggòng qìchē		公共汽车	Omnibus
A	diànchē	(N)	电车	Strassenbahn, Trolleybus
X	wúguǐ-diànchē		无轨电车	Trolleybus
A	chūzū qìchē		出租汽车	Taxi
A	zìxíngchē	(N)	自行车	Fahrrad
X	hé…yíyàng		和······一样	gleich wie
A	chéngshì	(N)	城市	Stadt
X	gèzhǒng-gèyàng		各种各样	verschiedenste
A	suīrán	(Konj)	虽然	obwohl
X	piàojià	(N)	票价	Kartenpreis
C	hésuàn	(Adj)	合算	günstig
B	dànshì	(Konj)	但是	aber
A	qí	(V)	骑	reiten, radeln
A	jǐ	(V/Adj)	挤	drängeln; gedrängt voll
X	dǔchē	(V+O)	堵车	einen Stau geben (Verkehr)
A	bǐ	(Präp/V)	比	als; vergleichen
X	hé…bǐ qǐlái		和······比起来	verglichen mit
A	dāngrán	(Adj)	当然	selbstverständlich
X	dǎchē	(V+O)	打车	Taxi nehmen
A	érqiě	(Konj)	而且	und, sowie
A	nàme	(Pro)	那么	so
X	méiyǒu…nàme		没有······那么	nicht so wie
A	suǒyǐ	(Konj)	所以	deshalb
A	yǒuxiē	(Pro)	有些	einige
A	kāiche	(V+O)	开车	Auto fahren
X	gēn…yíyàng		跟······一样	gleich wie
A	màn	(Adj)	慢	langsam

A	tíng	(V)	停	anhalten
A	yàoshi	(Konj)	要是	wenn, falls
A	lí	(V/Präp)	离	entfernt von
X	dìtiězhàn	(N)	地铁站	U-Bahn-Station
A	jìn	(Adj)	近	nahe
X	yòu … yòu …		又……又……	sowohl…, als auch…
A	kuài	(Adj)	快	schnell
B	zhǔnshí	(Adj)	准时	pünktlich

.2

B	chéng	(V)	乘	mit etw. fahren
B	lùxiàn	(N)	路线	Route
C	xiànlù	(N)	线路	Liniennetz
A	guójiā	(N)	国家	Staat
B	tǐyùchǎng	(N)	体育场	Stadion
A	xiàn	(N)	线	Faden, Linie
A	(fēi)jīchǎng	(N)	(飞)机场	Flughafen
X	hángzhànlóu	(N)	航站楼	Terminal

.3

B	pànduàn	(V/N)	判断	beurteilen; Beurteilung
A	chūfā	(V)	出发	aufbrechen
B	xíngli	(N)	行李	Gepäck
X	dàbā	(N)	大巴	Bus
A	zuìhòu	(N)	最后	zuletzt
A	juédìng	(V/N)	决定	beschliessen; Beschluss
X	kuàiguǐ	(N)	快轨	Schnellbahn

C	shìgù	(N)	事故	Unfall

第六课

4.1

C	túhuà	(N)	图画	Abbildung, Zeichnung
D	dāpèi	(V)	搭配	kombinieren, zusammenpassen
X	sānhuán	(N)	三环	dritter Ring
A	sǐ	(V)	死	sterben
A	liàng	(ZEW)	辆	(ZEW für Fahrzeug)
X	xiǎoqìchē	(N)	小汽车	Personenwagen
B	xiāng	(Adv)	相	einander
B	zhuàng	(V)	撞	zusammenstossen
A	bèi	(Präp)	被	(Kennz. des passivischen Gebrauchs eines Verbs)
A	fān	(V)	翻	umdrehen
B	sījī	(N)	司机	Fahrer
B	dǔ	(V)	堵	verstopfen
B	shāng	(V/N)	伤	verletzen; Verletzung
A	cuò	(Adj)	错	falsch
A	fāngxiàng	(N)	方向	Richtung
A	xíngrén	(N)	行人	Fussgänger
B	jǐngchá	(N)	警察	Polizei
A	gàosu	(V)	告诉	mitteilen
B	jìzhě	(N)	记者	Journalist, -in
B	yuányīn	(N)	原因	Grund
X	gāosù gōnglù	(N)	高速公路	Autobahn
X	chēsù	(N)	车速	Fahrzeuggeschwindigkeit
A	zǎochen	(N)	早晨	am frühen Morgen
A	zàochéng	(V+K)	造成	verursachen
A	fāshēng	(V)	发生	geschehen
A	jiějué	(V)	解决	lösen, beilegen
X	shuìzháo	(V+K)	睡着	einschlafen

4.2

D	sǐwáng	(V)	死亡	sterben
C	gōng'ānjú	(N)	公安局	Amt für öffentliche Sicherheit
A	fāngmiàn	(N)	方面	Hinsicht, Aspekt

B	dàolù	(N)	道路	Strasse
A	róngyì	(Adj)	容易	leicht, einfach
B	liáotiānr	(V+O)	聊天儿	plaudern
C	xìnhào	(N)	信号	Signal
X	xīnshǒu	(N)	新手	Anfänger
A	jiù	(Adj)	旧	alt

5

B	xiǎoshuō	(N)	小说	Roman
C	luòtuo	(N)	骆驼	Kamel
B	chūshēng	(V)	出生	geboren sein
B	shīqù	(V)	失去	verlieren
B	tǔdì	(N)	土地	Boden
B	hòulái	(N)	后来	später
B	míng	(ZEW)	名	(ZEW für Personen)
X	rénlì chēfū	(N)	人力车夫	Rikscha-Fahrer
A	niánqīng	(Adj)	年轻	jung
A	lǐxiǎng	(N/Adj)	理想	Ideal; ideal
B	jiànlì	(V)	建立	gründen
A	xìngfú	(Adj)	幸福	glücklich
A	jiātíng	(N)	家庭	Familie
C	zū	(V)	租	mieten
A	lā	(V)	拉	ziehen
A	wèile	(Präp)	为了	um zu
D	zǎn	(V)	攒	sparen
X	lāchē	(V+O)	拉车	Rikscha ziehen
A	lián … dōu/yě		连……都/也	sogar
B	guònián	(V+O)	过年	Neujahr feiern
B	zhīhòu	(N)	之后	nach
B	zhōngyú	(Adv)	终于	schliesslich, endlich
X	dāngbīng de		当兵的	Soldat
B	qiǎng	(V)	抢	rauben
B	hǎoróngyì	(Adv)	好容易	mit Mühe und Not

第六课

A	yòu	(Adv)	又	wieder, obendrein
A	bǐ	(ZEW)	笔	(ZEW für Geldsumme)
B	què	(Adv)	却	jedoch
B	piàn	(V)	骗	betrügen
B	piànzi	(N)	骗子	Betrüger
A	nánguò	(Adj)	难过	traurig
A	bùjiǔ	(Adj)	不久	bald darauf
B	qīzi	(N)	妻子	Ehefrau
D	huáiyùn	(V+O)	怀孕	schwanger werden
X	nánchǎn	(V)	难产	eine schwere Geburt haben
B	jiù	(V)	救	retten
B	guāng	(Adj)	光	restlos
A	chéng	(V)	成	werden
A	zhǐhǎo	(Adv)	只好	es bleibt nichts anderes übrig als
B	chōngmǎn	(V)	充满	erfüllt sein von
A	biàn	(V)	变	sich ändern
X	hùnhunr	(N)	混混儿	Herumtreiber, Strolch

第六课

第七课

1　身体　Shēntǐ

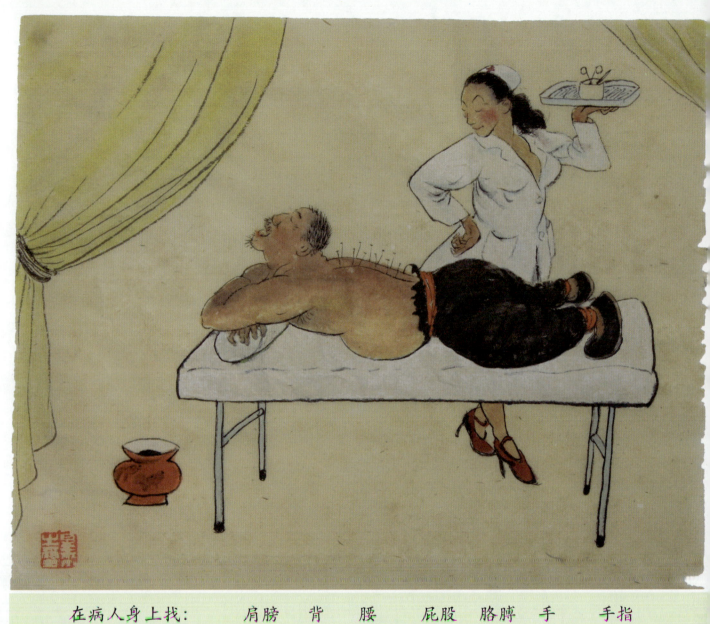

在病人身上找：	肩膀	背	腰	屁股	胳膊	手	手指
	腿	脚	脖子	胸	肚子		
在头部找：	头发	脸	眉毛	胡子	鼻子	耳朵	眼睛
	下巴	嘴					

1.1   他们怎么了？
Tāmen zěnme le?

她牙疼。

他拉肚子。

她肚子疼。

他咳嗽。

他腿受伤了。

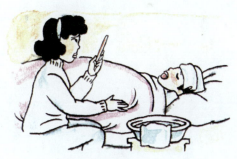

他发烧。

第七课

1.2 你生病怎么办？
Nǐ shēngbìng zěnme bàn?

■ 我嗓子疼就⋯⋯
Wǒ **sǎngzi téng** jiù …

皮肤过敏 pífū guòmǐn	去药店买药 qù yàodiàn mǎi yào	打针 dǎzhēn	吃中药 chī zhōngyào
得了肝炎 déle gānyán	看西医 kàn xīyī	看内科 kàn nèikē	做按摩 zuò ànmó
⋯⋯	擦油 cā yóu	做手术 zuò shǒushù	扎针 zhāzhēn
	⋯⋯		

1.3 看西医
Kàn xīyī

这几天小关有点儿发烧，觉得特别累，没力气，走不动路，吃不下饭，睡不着觉，全身疼。休息了两天，还不见好，她有点儿着急了，担心被传染上了肝炎，所以去医院看门诊。

Zhè jǐ tiān Xiǎo Guān yǒudiǎnr fāshāo, juéde tèbié lèi, méi lìqi, zǒu bu dòng lù, chī bu xià fàn, shuì bu zháo jiào, quánshēn téng. Xiūxile liǎng tiān, hái bú jiànhǎo, tā yǒudiǎnr zháojí le, dānxīn bèi chuánrǎn shàngle gānyán, suǒyǐ qù yīyuàn kàn ménzhěn.

到了医院，她先到挂号处排队挂号，然后等护士叫号。

Dàole yīyuàn, tā xiān dào guàhàochù páiduì guàhào, ránhòu děng hùshi jiàohào.

进了诊室，医生先问她病情说：
Jìnle zhěnshì, yīshēng xiān wèn tā bìngqíng shuō:

医生 yīshēng	你怎么不舒服？ Nǐ zěnme bù shūfu?
小关 Xiǎo Guān	这两天有点儿发烧、恶心，吐了几次。 Zhè liǎng tiān yǒudiǎnr fāshāo、ěxin, tùle jǐ cì.
医生	试过表吗？多少度？ Shìguo biǎo ma? Duōshao dù?
小关	昨天夜里38度5。 Zuótiān yèli 38 dù 5.
医生	张开嘴！ Zhāngkāi zuǐ!
小关	啊———。 Ā ———.
医生	嗓子倒没事。 Sǎngzi dào méi shì.
小关	我是不是得了肝炎？ Wǒ shì bú shì déle gānyán?
医生	放心吧，不像肝炎，就是感冒了。 Fàngxīn ba, bú xiàng gānyán, jiùshì gǎnmào le.
小关	要不要打针？ Yào bú yào dǎzhēn?
医生	用不着打针。我给你开点儿药，过两天再来。 Yòng bu zháo dǎzhēn. Wǒ gěi nǐ kāi diǎnr yào, guò liǎng tiān zài·lái.

（两天以后）
(Liǎng tiān yǐhòu)

医生	怎么样？好点儿了吗？ Zěnmeyàng? Hǎo diǎnr le ma?	小关	好点儿了，好多了。 Hǎo diǎnr le, hǎo duōle.
医生	还烧吗？ Hái shāo ma?	小关	不烧了。 Bù shāo le.
医生	你还哪儿不舒服？ Nǐ hái nǎr bù shūfu?	小关	没有了，都好了。 Méiyǒu le, dōu hǎo le.

第七课

2 中医 **Zhōngyī**

2.1 中医和中药
Zhōngyī hé zhōngyào

大概大家都听说过中医用针灸治病。其实一般人去看中医，不但可以做针灸，而且可以吃中药。可以做中药的东西很多，除了花、草以外，还有虫子、动物器官、矿物。大多数中药比西药便宜，副作用小，可是治得比较慢。得了慢性病，人们常常去看中医。得了急性病，人们才去看西医。

Dàgài dàjiā dōu tīngshuōguo zhōngyī yòng zhēnjiǔ zhìbìng. Qíshí yìbān rén qù kàn zhōngyī búdàn kěyǐ zuò zhēnjiǔ, érqiě kěyǐ chī zhōngyào. Kěyǐ zuò zhōngyào de dōngxi hěn duō, chúle huā、cǎo yǐwài, hái yǒu chóngzi、dòngwù qìguān、kuàngwù. Dàduōshù zhōngyào bǐ xīyào piányi, fùzuòyòng xiǎo, kěshì zhì de bǐjiào màn. Déle mànxìngbìng, rénmen chángcháng qù kàn zhōngyī. Déle jíxìngbìng, rénmen cái qù kàn xīyī.

中医认为食物有药性，特别注意饮食。比如感冒了不要吃生冷油腻，有皮肤病不要吃海鲜。春天容易发病，要特别注意饮食；夏天应该吃西瓜，因为西瓜去火；秋天吃梨，因为秋天天气干；冬天应该喝粥，吃牛肉、羊肉，因为牛羊肉性温。

Zhōngyī rènwéi shíwù yǒu yàoxìng, tèbié zhùyì yǐnshí. Bǐrú gǎnmàole bú yào chī shēnglěng yóunì, yǒu pífūbìng bú yào chī hǎixiān. Chūntiān róngyì fābìng, yào tèbié zhùyì yǐnshí; xiàtiān yīnggāi chī xīguā, yīnwèi xīguā qùhuǒ; qiūtiān chī lí, yīnwèi qiūtiān tiānqì gān; dōngtiān yīnggāi hē zhōu, chī niúròu、yángròu, yīnwèi niú-yángròu xìng wēn.

中医认为心情影响健康，过分高兴对心不好；过分紧张、生气伤害肝；受惊伤肾；发愁太厉害会伤脾；太难过会伤肺。所以脾气急的人应该特别注意保持心情稳定。

Zhōngyī rènwéi xīnqíng yǐngxiǎng jiànkāng, guòfèn gāoxìng duì xīn bù hǎo; guòfèn jǐnzhāng、shēngqì shānghài gān; shòujīng shāng shèn; fāchóu tài lìhai huì shāng pí; tài nánguò huì shāng fèi. Suǒyǐ píqi jí de rén yīnggāi tèbié zhùyì bǎochí xīnqíng wěndìng.

2.2 看中医
Kàn zhōngyī

病人 bìngrén	我咳嗽好几天了，口渴，嗓子疼。 Wǒ késou hǎo jǐ tiān le, kǒu kě, sǎngzi téng.
医生 yīshēng	让我号一下儿脉。你是不是觉得有痰，可是吐不出来？ Ràng wǒ hào yí xiàr mài. Nǐ shì bú shì juéde yǒu tán, kěshì tǔ bu chūlái?
病人	嗯。 Ǹg.
医生	大便干，小便颜色有点儿红，是不是？ Dàbiàn gān, xiǎobiàn yánsè yǒudiǎnr hóng, shì bú shì?
病人	是的。 Shìde.
医生	没事，你就是有一点儿上火。给你开三服汤药。别吃鱼虾，别吃辣的。现在不要吃生冷。平常应该多吃梨、萝卜、藕、西瓜。 Méi shì, nǐ jiùshì yǒuyìdiǎnr shànghuǒ. Gěi nǐ kāi sān fù tāngyào. Bié chī yú xiā, bié chī là de. Xiànzài bú yào chī shēnglěng. Píngcháng yīnggāi duō chī lí、luóbo、ǒu、xīguā.

第七课

2.3 选择填表
Xuǎnzé tiánbiǎo

	病情 bìngqíng	检查 jiǎnchá	诊断 zhěnduàn	建议 jiànyì
1	拉肚子、吐、吃不下饭 lā dùzi、tù、chī bu xià fàn			
2	流鼻涕、头疼、发烧 liú bítì、tóuténg、fāshāo			
3	发烧、咳嗽 fāshāo、késou	听诊	肺……	
4	头晕 tóu yūn			
5	腿疼 tuǐ téng			

大夫检查： 听诊、验血、量血压、透视、检查大小便
Dàifu jiǎnchá: tīngzhěn、yànxiě、liáng xuèyā、tòushì、jiǎnchá dà–xiǎobiàn

大夫诊断： 感冒、肠炎、血压高、关节炎、肺炎
Dàifu zhěnduàn: gǎnmào、chángyán、xuèyā gāo、guānjiéyán、fèiyán

大夫建议： 少吃油腻，多吃素菜，锻炼身体
Dàifu jiànyì: shǎo chī yóunì, duō chī sùcài, duànliàn shēntǐ

打针，吃药，别吸烟
dǎzhēn, chīyào, bié xīyān

多喝水，休息
duō hē shuǐ, xiūxi

穿暖和一点儿
chuān nuǎnhuo yìdiǎnr

别吃油腻和生冷，多喝粥
bié chī yóunì hé shēnglěng, duō hē zhōu

2.4 把表里的信息写成句子
Bǎ biǎo li de xìnxī xiěchéng jùzi

1 他拉肚子，吐，吃不下饭。医生给他 _____，说他得了 _____，
Tā lā dùzi, tù, chī bu xià fàn. Yīshēng gěi tā _____, shuō tā déle _____,

让他 _____ 。
ràng tā _____ .

2 他……

3 ……
4 ……
5 ……

2.5 听录音选择正确答案

Tīng lùyīn xuǎnzé zhèngquè dá'àn

问题（一）： 同仁堂是什么地方？
Wèntí (yī): Tóngréntáng shì shénme dìfang?

- ❏ 商店
  shāngdiàn

- ❏ 药店
  yàodiàn

- ❏ 医院
  yīyuàn

- ❏ 饭馆
  fànguǎn

问题（二）： 为什么很多人要买同仁堂的药？
Wèntí (èr): Wèishénme hěn duō rén yào mǎi Tóngréntáng de yào?

- ❏ 同仁堂是清朝皇帝的老字号。
  Tóngréntáng shì Qīngcháo huángdì de lǎozìhào.

- ❏ 同仁堂分店多，买药方便。
  Tóngréntáng fēndiàn duō, mǎi yào fāngbiàn.

- ❏ 同仁堂的药方国际上有名。
  Tóngréntáng de yàofāng guójì shang yǒumíng.

- ❏ 同仁堂的药做得好。
  Tóngréntáng de yào zuò de hǎo.

问题（三）： 你认为哪个是老字号？
Wèntí (sān): Nǐ rènwéi nǎge shì lǎozìhào?

- ❏ 全聚德
  Quánjùdé

- ❏ 北京饭店
  Běijīng Fàndiàn

- ❏ 故宫
  Gùgōng

- ❏ 鸟巢
  Niǎocháo

3   美容 Měiróng

.1   在理发店理发
Zài lǐfàdiàn lǐfà

1   顾客
     gùkè
师傅，我要做头发。
Shīfu, wǒ yào zuò tóufa.

     理发师
     lǐfàshī
先洗头吧！
Xiān xǐtóu ba!

2   顾客
师傅，我要剪个头。
Shīfu, wǒ yào jiǎn gè tóu.

     理发师
您怎么剪？
Nín zěnme jiǎn?

     顾客
剪个平头。
Jiǎn gè píngtóu.

3   顾客
师傅，我要染头发。
Shīfu, wǒ yào rǎn tóufa.

     理发师
什么颜色？全染？挑染？
Shénme yánsè? Quán rǎn? Tiǎo rǎn?

     顾客
一半染红，一半染蓝。
Yíbàn rǎn hóng, yíbàn rǎn lán.

4   顾客
师傅，我要烫头发。
Shīfu, wǒ yào tàng tóufa.

     理发师
您怎么烫？
Nín zěnme tàng?

     顾客
烫大花儿。
Tàng dà huār.

第七课

5	顾客	师傅，我想换发型。 Shīfu, wǒ xiǎng huàn fàxíng.
	理发师	你要什么样？ Nǐ yào shénme yàng?
	顾客	我要显得年轻。 Wǒ yào xiǎnde niánqīng.

6	■	师傅，我 …… Shīfu, wǒ …
	▲	……

3.2　问答搭配
Wèndá dāpèi

1	哎呀，你剪头发了。 Āiyā, nǐ jiǎn tóufa le.		A	换换样儿。 Huànhuan yàngr.
2	显得年轻多了！ Xiǎnde niánqīng duōle!		B	真的吗？ Zhēn de ma?
3	剪成这样怎么见人？ Jiǎnchéng zhèyàng zěnme jiàn rén?		C	可不是吗？ Kěbushì ma?
4	精神多了！ Jīngshen duōle!		D	有什么不好？ Yǒu shénme bù hǎo?
5	看你烫的发，像鸡窝一样。 Kàn nǐ tàng de fà, xiàng jīwō yíyàng.		E	谁有你年轻啊？ Shéi yǒu nǐ niánqīng a?
6	换发型了？ Huàn fàxíng le?		F	你不爱看，有人爱看！ Nǐ bú ài kàn, yǒu rén ài kàn!
7	你这是什么头哇？ Nǐ zhè shì shénme tóu wa?		G	你谁呀你，你管得着吗？ Nǐ shéi ya nǐ, nǐ guǎn de zháo ma?
8	怎么染成这样了？ Zěnme rǎnchéng zhèyàng le?		H	鸡窝就鸡窝！ Jīwō jiù jīwō!

8.3 美容与整形手术
Měiróng yǔ zhěngxíng shǒushù

在中国美容手术很受欢迎。大城市的姑娘们如果对自己不满意，就去做手术。
有的女孩子嫌自己单眼皮，想让眼睛变大，就去做双眼皮。有的觉得鼻子高好
看，所以垫鼻子。还有的嫌自己胸平，就去隆胸。

Zài Zhōngguó měiróng shǒushù hěn shòu huānyíng. Dà chéngshì de gūniangmen rúguǒ duì zìjǐ bù mǎnyì, jiù qù zuò shǒushù. Yǒude nǚháizi xián zìjǐ dānyǎnpí, xiǎng ràng yǎnjing biàndà, jiù qù zuò shuāngyǎnpí. Yǒude juéde bízi gāo hǎokàn, suǒyǐ diàn bízi. Hái yǒude xián zìjǐ xiōng píng, jiù qù lóngxiōng.

文身也很时髦，不过受到不少批评，说流氓才文身。

Wénshēn yě hěn shímáo, búguò shòudào bù shǎo pīpíng, shuō liúmáng cái wénshēn.

最近几年，也有人嫌自己个子太矮了，所以做手术增加身高。
还有人做变性手术，让人很难理解。

Zuìjìn jǐ nián, yě yǒu rén xián zìjǐ gèzi tài ǎi le, suǒyǐ zuò shǒushù zēngjiā shēngāo.
Hái yǒu rén zuò biàn xìng shǒushù, ràng rén hěn nán lǐjiě.

对做美容手术有很多看法和反应。有些人赞成，因为爱美是很自然的事，大家
都愿意自己变漂亮。有些人反对，觉得人应该保持自然的样子，而且做手术不
是没有危险。还有人认为应该看情况，对有些手术他们能理解。也有人对这个
问题无所谓，说做手术是自己的事，跟别人没关系。

Duì zuò měiróng shǒushù yǒu hěn duō kànfǎ hé fǎnyìng. Yǒuxiē rén zànchéng, yīnwèi ài měi shì hěn zìrán de shì, dàjiā dōu yuànyì zìjǐ biàn piàoliang. Yǒuxiē rén fǎnduì, juéde rén yīnggāi bǎochí zìrán de yàngzi, érqiě zuò shǒushù bú shì méiyǒu wēixiǎn. Hái yǒu rén rènwéi yīnggāi kàn qíngkuàng, duì yǒuxiē shǒushù tāmen néng lǐjiě. Yě yǒu rén duì zhège wèntí wúsuǒwèi, shuō zuò shǒushù shì zìjǐ de shì, gēn biérén méi guānxi.

第七课

3.4 谈看法
Tán kànfǎ

■ 你们对美容手术有什么看法?
　　Nǐmen duì měiróng shǒushù yǒu shénme kànfǎ?

▲ 我赞成做手术，因为……
　　Wǒ zànchéng zuò shǒushù, yīnwèi …

▼ 我反对……
　　Wǒ fǎnduì …

3.5 为了健康减肥
Wèile jiànkāng jiǎnféi

年龄：30岁，身高：150公分，体重：80公斤
Niánlíng: 30 suì, shēngāo: 150 gōngfēn, tǐzhòng: 80 gōngjīn

1

2
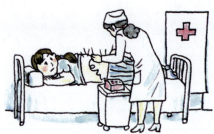

3

4

发胖时间： Fāpàng shíjiān:	10多岁发胖。 10 duō suì fāpàng.
睡觉习惯： Shuìjiào xíguàn:	每天睡8个小时左右。 Měi tiān shuì 8 gè xiǎoshí zuǒyòu.
饮食习惯： Yǐnshí xíguàn:	平常喜吃油腻食品。 Píngcháng xǐ chī yóunì shípǐn.
运动习惯： Yùndòng xíguàn:	平常有运动，上下班骑车。 Píngcháng yǒu yùndòng, shàng-xiàbān qíchē.
医生诊断： Yīshēng zhěnduàn:	超重35公斤，是重度肥胖。 Chāozhòng 35 gōngjīn, shì zhòngdù féipàng.
针灸治疗： Zhēnjiǔ zhìliáo:	每次治疗30分钟，一天一次。 Měi cì zhìliáo 30 fēnzhōng, yì tiān yí cì.
运动治疗： Yùndòng zhìliáo:	每天运动40分钟，比如快走、游泳、慢跑、打羽毛球。 Měi tiān yùndòng 40 fēnzhōng, bǐrú kuài zǒu、yóuyǒng、màn pǎo、dǎ yǔmáoqiú.
每日饮食： Měi rì yǐnshí:	热量800－1000千卡（不忌口）。 Rèliàng 800－1000 qiānkǎ (bú jìkǒu).
治疗效果： Zhìliáo xiàoguǒ:	第一次治疗后24小时，体重减少3公斤，十天7.5公斤。经过三个月的治疗，轻了35公斤，体重正常。 Dì-yī cì zhìliáo hòu 24 xiǎoshí, tǐzhòng jiǎnshǎo 3 gōngjīn, shí tiān 7.5 gōngjīn. Jīngguò sān gè yuè de zhìliáo, qīng le 35 gōngjīn, tǐzhòng zhèngcháng.

第七课

4 审美观 **Shěnměiguān**

簪花仕女图 （局部）
Zān huā shìnǚtú (júbù)

唐朝：高髻、簪花、金首饰、蛾翅眉、纱衣、长裙贵族妇女
Tángcháo: gāo jì、zān huā、jīn shǒushi、échì méi、shāyī、chángqún guìzú fùnǚ

这位唐朝妇女头上簪着花，梳着高髻，戴着金首饰，穿着纱衣，手里拿着拂尘，身边跟着一只小狗。画家笔下的唐朝美人都比较胖。脸上化妆也很特别，眉毛画得很粗，像蛾翅一样，嘴画得很小，像樱桃一样。现在中国人的审美观已经有很大的变化，越来越像西方了。

Zhè wèi Tángcháo fùnǚ tóu shang zānzhe huā, shūzhe gāo jì, dàizhe jīn shǒushi, chuānzhe shāyī, shǒu li názhe fúchén, shēnbiān gēnzhe yì zhī xiǎo gǒu. Huàjiā bǐ xià de Tángcháo měirén dōu bǐjiào pàng. Liǎn shang huàzhuāng yě hěn tèbié, méimao huà de hěn cū, xiàng échì yíyàng, zuǐ huà de hěn xiǎo, xiàng yīngtao yíyàng. Xiànzài Zhōngguórén de shěnměiguān yǐjīng yǒu hěn dà de biànhuà, yuèláiyuè xiàng xīfāng le.

1

1A 搭配动词 **Dāpèi dòngcí**

试	做	生	拉	扎	擦	得	开	张	看	受	发
shì	zuò	shēng	lā	zhā	cā	dé	kāi	zhāng	kàn	shòu	fā

_____ 肝炎 _____ 油 _____ 烧
gānyán　　　　　　　　yóu　　　　　　　　shāo

_____ 针 _____ 伤 _____ 内科
zhēn　　　　　　　　shāng　　　　　　　　nèikē

_____ 药 _____ 按摩 _____ 肚子
yào　　　　　　　　ànmó　　　　　　　　dùzi

_____ 病 _____ 表 _____ 嘴
bìng　　　　　　　　biǎo　　　　　　　　zuǐ

1B 翻译 **Fānyì**

1　孩子有病，不能吃饭。
　　Háizi yǒu bìng, bù néng chīfàn.

2　孩子有病，吃不下饭。
　　Háizi yǒu bìng, chī bu xià fàn.

3　现在上课，不能睡觉。
　　Xiànzài shàngkè, bù néng shuìjiào.

4　咖啡喝得太多了，我一夜睡不着觉。
　　Kāfēi hē de tài duō le, wǒ yí yè shuì bu zháo jiào.

5 太远了，离这儿有十站地，不能走路去。
  Tài yuǎn le, lí zhèr yǒu shí zhàn dì, bù néng zǒulù qù.

6 我累了，现在走不动路。
  Wǒ lèi le, xiànzài zǒu bu dòng lù.

1C 翻译 Fānyì

1 ■ 他怎么没来上课？ ▲ 他病了！
    Tā zěnme méi lái shàngkè? Tā bìng le!

2 ■ 他怎么不来上课了？ ▲ 他不学汉语了。
    Tā zěnme bù lái shàngkè le? Tā bù xué Hànyǔ le.

3 ■ 有没有咳嗽药？ ▲ 没有。
    Yǒu méiyǒu késouyào? Méiyǒu.
    ▼ 没有了。
      Méiyǒu le.

4 天黑了，孩子们都睡着了。
  Tiān hēi le, háizimen dōu shuìzháo le.

5 天气冷了，很多人感冒了。
  Tiānqì lěng le, hěn duō rén gǎnmào le.

6 他老了，头发都白了。
  Tā lǎo le, tóufa dōu bái le.

7 他病好了，不用再住院了。
  Tā bìng hǎo le, búyòng zài zhùyuàn le.

8 别给我扎针，我已经不疼了。
  Bié gěi wǒ zhāzhēn, wǒ yǐjīng bù téng le.

1D 翻译 Fānyì

1 Ich lasse mich nie mit Akupunktur behandeln.
2 Was ist mit dir los? Du siehst krank aus. Hast du Fieber gemessen?
3 Sie ist allergisch auf Meeresfrüchte.
4 Du brauchst keine Angst zu haben. Ich bin nicht mehr ansteckend.
5 Zieh mehr an, sonst (要不) erkältest du dich!
6 Was machst du, wenn der Arzt in China keine Fremdsprache spricht?

2

2A 翻译 Fānyì

受影响
shòu yǐngxiǎng

受害
shòuhài

受苦
shòukǔ

受气
shòuqì

受骗
shòupiàn

受欢迎
shòu huānyíng

受凉
shòuliáng

受表扬
shòu biǎoyáng

受批评
shòu pīpíng

受洗
shòuxǐ

2B 构词 Gòucí

学	思	词	水	况	心	冷	生	注	病	卫
xué	sī	cí	shuǐ	kuàng	xīn	lěng	shēng	zhù	bìng	wèi
酱	出	满	苹	烧	汁	愁	见	气	如	先
jiàng	chū	mǎn	píng	shāo	zhī	chóu	jiàn	qì	rú	xiān

生　　学生　　生冷
shēng

果
guǒ

意
yì

发
fā

情
qíng

第七课

2C 选词填空 Xuǎn cí tiánkòng

着急	生气	受惊	发愁	难过	担心	放心	高兴
zháojí	shēngqì	shòujīng	fāchóu	nánguò	dānxīn	fàngxīn	gāoxing

1 孩子发高烧，妈妈很 ＿＿＿＿＿＿＿＿。
Háizi fā gāoshāo, māma hěn

2 他得了肝炎，吃了很多药，还是不好，他很 ＿＿＿＿＿＿＿＿。
Tā déle gānyán, chīle hěn duō yào, háishi bù hǎo, tā hěn

3 你血压那么高，不能过分 ＿＿＿＿＿＿＿＿。
Nǐ xuèyā nàme gāo, bù néng guòfèn

4 ＿＿＿＿＿＿＿＿ 的时候，心脏跳得很厉害。
de shíhou, xīnzàng tiào de hěn lìhai.

5 少想 ＿＿＿＿＿ 的事儿，多想 ＿＿＿＿＿ 的事儿，你能活到一百岁。
Shǎo xiǎng   de shìr, duō xiǎng   de shìr, nǐ néng huódào yìbǎi suì.

6 这种药没有副作用，你 ＿＿＿＿＿＿＿＿ 吧！
Zhè zhǒng yào méiyǒu fùzuòyòng, nǐ   ba!

7 治慢性病不能 ＿＿＿＿＿＿＿＿。
Zhì mànxìngbìng bù néng

8 大夫说他很健康，他真 ＿＿＿＿＿＿＿＿。
Dàifu shuō tā hěn jiànkāng, tā zhēn

2D 选词填空 Xuǎn cí tiánkòng

大概	可能
dàgài	kěnéng

1 ■ 他怎么没来上课?   ▲ 不知道，＿＿＿＿ 病了。
Tā zěnme méi lái shàngkè?   Bù zhīdào,   bìng le.

2 ■ 你感冒了吗?   ▲ 不 ＿＿＿＿，我感冒刚好。
Nǐ gǎnmào le ma?   Bù   wǒ gǎnmào gāng hǎo.

3 ■ 这种药多少钱?   ▲ ＿＿＿＿12块。
Zhè zhǒng yào duōshao qián?   12 kuài.

4 ■ 你懂中医吗?   ▲ 我知道一个 ＿＿＿＿。
Nǐ dǒng zhōngyī ma?   Wǒ zhīdào yí ge

2E 翻译"紧张" *Fānyì "jǐnzhāng"*

1　今天的考试很容易，用不着紧张。
Jīntiān de kǎoshì hěn róngyì, yòng bù zháo jǐnzhāng.

2　打针的时候别紧张，紧张就更疼了。
Dǎzhēn de shíhou bié jǐnzhāng, jǐnzhāng jiù gèng téng le.

3　有的人喜欢紧张的生活，觉得有意思。
Yǒu de rén xǐhuan jǐnzhāng de shēnghuó, juéde yǒu yìsi.

4　这个公司人少事多，工作很紧张。
Zhège gōngsī rén shǎo shì duō, gōngzuò hěn jǐnzhāng.

5　放假的时候飞机票很紧张。
Fàngjià de shíhou fēijīpiào hěn jǐnzhāng.

6　这是一场紧张的足球比赛。
Zhè shì yì chǎng jǐnzhāng de zúqiú bǐsài.

2F 朗读熟语 *Lǎngdú shúyǔ*

1　笑一笑，十年少。
Xiào yī xiào, shí nián shào.

2　愁一愁，白了头。
Chóu yī chóu, bái le tóu.

3　饭后百步走，活到九十九。
Fàn hòu bǎi bù zǒu, huódào jiǔshíjiǔ.

4　吃萝卜喝热茶，气得大夫满街爬。
Chī luóbo hē rè chá, qì de dàifu mǎnjiē pá.

5　三天不吃青，肚里冒火星。
Sān tiān bù chī qīng, dù li mào huǒxīng.

6　有什么也别有病，没什么也别没钱。
Yǒu shénme yě bié yǒu bìng, méi shénme yě bié méi qián.

第七课

3

3A 选词填空 Xuǎn cí tiánkòng

好多	好几	再	才	就	平常	常常
hǎoduō	hǎojǐ	zài	cái	jiù	píngcháng	chángcháng

1 他得了肺炎，吃了_____ 药，休息了_____ 天_____ 好。
   Tā déle fèiyán, chīle _____ yào, xiūxile _____ tiān _____ hǎo.

2 这个药效果很好。他吃了两天，病_____ 好了。
   Zhège yào xiàoguǒ hěn hǎo. Tā chīle liǎng tiān, bìng _____ hǎo le.

3 你咳嗽得这么厉害，不能_____ 吸烟了。
   Nǐ késou de zhème lìhai, bù néng _____ xīyān le.

4 应该_____ 吃水果。
   Yīnggāi _____ chī shuǐguǒ.

5 _____ 应该多吃水果。
   _____ yīnggāi duō chī shuǐguǒ.

3B 读新闻 Dú xīnwén

法警要有法警样儿

男不得留长发
女不得染指甲

本报讯（通讯员王景轩）市
高级法院即将出台的《北京市人
民法院司法警察行为规范》，明
确规范了法警的行为。男法警不

准从事营利性的经营活动或受
雇于任何组织或个人，不准对
求助群众采取冷漠、生硬、蛮横
的态度；法警上班时应统一着

4

4A 选词填空 **Xuǎn cí tiánkòng**

越来越	大家	比如	其实	多了	除了（以外）	倒	用不着
yuèláiyuè	dàjiā	bǐrú	qíshí	duōle	chúle (yǐwài)	dào	yòng bu zháo

1　他不要扎针，_____ 扎针效果特别好。
　　Tā bú yào zhāzhēn, 　　　　　　　zhāzhēn xiàoguǒ tèbé hǎo.

2　这么点儿病，_____ 吃药。
　　Zhème diǎnr bìng, 　　　　　　　chīyào.

3　你是不是病了，你瘦 _____ ！
　　Nǐ shì bú shì bìng le, nǐ shòu 　　　　　　 !

4　他每天吸烟，肺 _____ 没事儿。
　　Tā měi tiān xīyān, fèi 　　　　　　　méi shìr.

5　在挂号处 _____ 都得排队。
　　Zài guàhàochù 　　　　　　　dōu děi páiduì.

6　他的病 _____ 厉害。
　　Tā de bìng 　　　　　　　lìhai.

7　_____ 咳嗽，没有别的问题。
　　　　　　　　　　késou, méiyǒu biéde wèntí.

8　肚子不好不要吃生冷，_____ 水果、凉菜。
　　Dùzi bù hǎo bú yào chī shēnglěng, 　　　　　　shuǐguǒ、liángcài.

4B 用4A的词语翻译 **Yòng 4A de cíyǔ fānyì**

1　■　Geht's besser?
　　▲　Nein, noch nicht! Mein Husten wird im Gegenteil immer schlimmer.
2　Ausser ihm sind alle erkältet.
3　Chinesische Medizin ist im Westen sehr beliebt, wie z.B. Akupunktur.
4　Du brauchst dir die Haare nicht zu färben.
5　Sie ist unzufrieden mit sich selbst, aber sie sieht eigentlich gut aus, viel besser als früher.
6　Diese Krankheit ist nicht ansteckend. Man braucht sich keine Sorgen zu machen.

第七课

4C 选读笑话 Xuǎndú xiàohua

精神科

有一位精神病院的医生问病人："如果我把你的一只耳朵切掉，你会怎么样？"那位病人回答："那我会听不见。"医生听了说："嗯嗯，很正常。"医生又问："那，如果我再把你第二只耳朵也切掉，你会怎么样？"那位病人回答："那我会看不见。"医生开始紧张了："怎么会看不见呢？"病人回答："因为眼镜会掉下来。"

4D 选读散文 Xuǎndú sǎnwén

鲁迅《父亲的病》

大约十多年前罢，S城中曾经盛传过一个名医的故事：——
他出诊原来是一元四角，特拔十元，深夜加倍，出城又加倍。有一夜，一家城外人家的闺女生急病，来请他了，因为他其时已经阔得不耐烦，便非一百元不去。他们只得都依他。待去时，却只是草草地一看，说道"不要紧的"，开一张方，拿了一百元就走。那病家似乎很有钱，第二天又来请了。他一到门，只见主人笑面承迎，道，"昨晚服了先生的药，好得多了，所以再请你来复诊一回。"仍旧引到房里，老妈子便将病人的手拉出帐外来。他一按，冷冰冰的，也没有脉，于是点点头道，"唔，这病我明白了。"从从容容走到桌前，取了药方纸，提笔写道：——
"凭票付英洋壹百元正。"下面是署名，画押。
"先生，这病看来很不轻了，用药怕还得重一点罢。"主人在背后说。
"可以，"他说。于是另开了一张方：——
"凭票付英洋贰百元正。"下面仍是署名，画押。
这样，主人就收了药方，很客气地送他出来了。
……

选自《朝花夕拾》

.1

(59) **Sätze mit S+P-Prädikat**　主谓谓语句

Das Subjekt im Prädikat ist semantisch ein Teil des Hauptsubjekts.

Subjekt	Prädikat (Subjekt + Prädikat)
他 Tā	嗓子疼。 sǎngzi téng.

1.3

(81) **Komplement der Möglichkeit** 可能补语

Der Gebrauch des Komplements der Möglichkeit beruht auf der Feststellung, dass eine Handlung im gegebenen Umfeld zu Ende oder viel häufiger nicht zu Ende geführt werden kann.

Verb	得/不	Komplement des Resultats oder der Richtung
睡 shuì	得 de	着 zháo
睡 shuì	不 bu	着 zháo

(105) **Vergewisserungsfrage** 确认疑问

我是不是得了肝炎？
Wǒ shì bú shì déle gānyán?

(117) **Modalpartikel "le"** 变化态

Die satzabschliessende Partikel "le" kennzeichnet eine Zustandsänderung.

她不烧了。
Tā bù shāo le.

病好了。
Bìng hǎo le.

(80) **Gradkomplemente** 程度补语

Die Komplemente "duōle, (yì)diǎnr" stehen nach einem Adjektivprädikat und zeigen die Intensität einer bestimmten Eigenschaft an.

医生 Yīshēng	怎么样？好点儿了吗？ Zěnmeyàng? Hǎo diǎnr le ma?
病人 Bìngrén	好点儿了，好多了。 Hǎo diǎnr le, hǎo duōle.

.2

14) **Rhetorische Fragen** 反问句

Rhetorische Fragen sind Fragen, auf die man keine informative Antwort erwartet. Ihre besondere Färbung und damit Kennzeichnung erhalten sie in den meisten Fällen durch die Satzintonation.

有什么不好？　　　（没有什么不好！）
Yǒu shénme bù hǎo?　　　(Méiyǒu shénme bù hǎo!)

可不是吗？　（是这样！）
Kěbushì ma?　(Shì zhèyàng!)

18) **Durativer Aspekt mit der Partikel "zhe"** 持续态

Durch die Partikel "zhe" erhält das Verb eine durative Aktionsart ohne zeitliche Begrenzung. Sie wird häufig in beschreibenden Texten verwendet.

妇女头上簪着花，梳着高髻，戴着金首饰，穿着纱衣，……
Fùnǚ tóu shang zānzhe huā, shūzhe gāo jì, dàizhe jīn shǒushi, chuānzhe shāyī, …

第七课

选美冠军

生词
Shēngcí

1				
A	shēntǐ	(N)	身体	Körper
B	bìngrén	(N)	病人	Patient
X	shēnshang	(N)	身上	am Körper
D	jiānbǎng	(N)	肩膀	Schulter
B	bèi	(N)	背	Rücken
B	yāo	(N)	腰	Lende
C	pìgu	(N)	屁股	Gesäss
B	gēbo	(N)	胳膊	Arm
A	shǒu	(N)	手	Hand
B	shǒuzhǐ	(N)	手指	Finger
A	tuǐ	(N)	腿	Bein
A	jiǎo	(N)	脚	Fuss
B	bózi	(N)	脖子	Hals
B	xiōng	(N)	胸	Brust
A	dùzi	(N)	肚子	Bauch
A	tóu	(N)	头	Kopf
B	tóufa	(N)	头发	Haare
X	méimao	(N)	眉毛	Braue
B	húzi	(N)	胡子	Bart, Schnauz
B	bízi	(N)	鼻子	Nase
B	ěrduo	(N)	耳朵	Ohr
A	yǎnjing	(N)	眼睛	Auge
X	xiàba	(N)	下巴	Kinn
A	zuǐ	(N)	嘴	Mund

第七课

1.1

B	yá	(N)	牙	Zahn
A	téng	(V)	疼	schmerzen
X	lā dùzi	(V+O)	拉肚子	Durchfall haben
A	késou	(V)	咳嗽	husten
B	shòu	(V)	受	erleiden
D	shòushāng	(V+O)	受伤	sich verletzen
A	fāshāo	(V+O)	发烧	Fieber bekommen

1.2

C	shēngbìng	(V+O)	生病	krank werden
A	bàn	(V)	办	handeln, erledigen
B	sǎngzi	(N)	嗓子	Kehle
B	pífū	(N)	皮肤	Haut
X	guòmǐn	(V)	过敏	allergisch sein
A	dé	(V)	得	bekommen
D	gānyán	(N)	肝炎	Leberentzündung
B	yào	(N)	药	Arznei, Medikament
X	yàodiàn	(N)	药店	Apotheke, Drogerie
C	xīyī	(N)	西医	westliche Medizin
A	cā	(V)	擦	reiben, einreiben
X	dǎzhēn	(V+O)	打针	eine Spritze geben/bekommen
C	nèikē	(N)	内科	innere Medizin
B	shǒushù	(N)	手术	Operation
X	zuò shǒushù	(V+O)	做手术	operieren, sich operieren lassen
B	zhōngyào	(N)	中药	chinesisches Heilmittel
X	ànmó	(V)	按摩	massieren
X	zhāzhēn	(V+O)	扎针	akupunktieren

1.3

B	lìqi	(N)	力气	Kraft
A	dòng	(V)	动	sich bewegen
A	xià	(V)	下	(als Komplement "von oben nach unten")

X	jiànhǎo	(V)	见好	besser werden
A	zháojí	(Adj)	着急	aufgeregt
B	dānxīn	(V+O)	担心	sich Sorgen machen
C	chuánrǎn	(V)	传染	anstecken
A	shàng	(V)	上	(als Komplement mit der Bedeutung "eintreffen", "in Erfüllung gehen")
C	ménzhěn	(N)	门诊	Polyklinik
B	guàhào	(V+O)	挂号	sich anmelden (Krankenhaus)
X	guàhàochù	(N)	挂号处	Anmeldeschalter
D	páiduì	(V+O)	排队	sich anstellen
B	hùshi	(N)	护士	Krankenschwester, –pfleger
X	jiàohào	(V+O)	叫号	eine Nummer aufrufen
X	zhěnshì	(N)	诊室	Sprechzimmer
A	yīshēng	(N)	医生	Arzt
C	bìngqíng	(N)	病情	Zustand des Patienten
B	tù	(V)	吐	erbrechen
X	shìbiǎo	(V+O)	试表	Fieber messen
B	dù	(N)	度	Grad
B	yèli	(N)	夜里	in der Nacht
X	zhāngzuǐ	(V+O)	张嘴	Mund aufmachen
B	dào	(Adv)	倒	doch, wider Erwarten
B	fàngxīn	(V+O)	放心	beruhigt sein
A	xiàng	(V)	像	ähnlich sein
A	gǎnmào	(V/N)	感冒	sich erkälten; Erkältung
B	yòng bu zháo	(V+K)	用不着	unnötig sein
X	kāiyào	(V+O)	开药	Medikament verschreiben
A	guò	(V)	过	vorbeigehen
X	duōle		多了	viel mehr (Komplement)
B	shāo	(V)	烧	Fieber haben

第七课

2

| | C | zhōngyī | (N) | 中医 | chinesische Medizin |

2.1

	A	dàgài	(Adj)	大概	ungefähr, wahrscheinlich
	A	dàjiā	(Pro)	大家	alle
	A	tīngshuō	(V)	听说	gehört haben
	C	zhēnjiǔ	(N/V)	针灸	Akupunktur– und Moxenbehandlung
	B	zhì	(V)	治	behandeln, kurieren
	C	qíshí	(Adv)	其实	tatsächlich, in Wirklichkeit
	C	búdàn … érqiě		不但……而且	nicht nur … sondern auch
	A	chúle … yǐwài		除了……以外	ausser, neben
	A	huā	(N)	花	Blume
	A	cǎo	(N)	草	Gras, Kraut
	B	chóngzi	(N)	虫子	Insekt
	B	dòngwù	(N)	动物	Tier
	C	qìguān	(N)	器官	Organ
	D	kuàngwù	(N)	矿物	Mineral
	B	dàduōshù	(N)	大多数	überwiegende Mehrheit
	D	fùzuòyòng	(N)	副作用	Nebenwirkung
	C	mànxìng	(Adj)	慢性	chronisch
	D	jíxìng	(Adj)	急性	akut
	B	shíwù	(N)	食物	Nahrungsmittel
	X	yàoxìng	(N)	药性	medizinisch wirksame Eigenschaf
	B	bǐrú	(V)	比如	zum Beispiel
	X	shēnglěng	(N)	生冷	rohes und kaltes Essen
	X	yóunì	(Adj)	油腻	olig, fettig
	A	chūntiān	(N)	春天	Frühling
	X	fābìng	(V+O)	发病	Krankheiten erregen
	A	xiàtiān	(N)	夏天	Sommer
	X	qùhuǒ	(V+O)	去火	die innere Hitze lindern
	A	qiūtiān	(N)	秋天	Herbst
	A	dōngtiān	(N)	冬天	Winter

B	xìng	(N)	性	Eigenschaft, Geschlecht
C	wēn	(Adj/V)	温	lauwarm; wärmen
B	xīnqíng	(N)	心情	Gemütszustand
A	yǐngxiǎng	(V/N)	影响	beeinflussen, beeinträchtigen
A	jiànkāng	(N/Adj)	健康	Gesundheit; gesund
C	guòfèn	(Adj)	过分	übertrieben
A	gāoxìng	(Adj)	高兴	froh, glücklich
A	xīn	(N)	心	Herz
A	jǐnzhāng	(Adj)	紧张	angespannt
A	shēngqì	(V+O)	生气	zornig werden, sich ärgern
C	shānghài	(V)	伤害	schaden, verletzen
B	gān	(N)	肝	Leber
X	shòujīng	(V+O)	受惊	erschrecken
X	shèn	(N)	肾	Niere
D	fāchóu	(V+O)	发愁	bedrückt sein
B	lìhai	(Adj)	厉害	schlimm
X	pí	(N)	脾	Milz
B	fèi	(N)	肺	Lunge
B	píqi	(N)	脾气	Temperament, Naturell
A	jí	(Adj)	急	ungeduldig
B	bǎochí	(V)	保持	aufrechterhalten, bewahren
B	wěndìng	(Adj)	稳定	stabil, ausgeglichen

2.2

X	hàomài	(V+O)	号脉	Puls fühlen
D	tán	(N)	痰	Spucke
B	tǔ	(V)	吐	spucken
A	ńg	(Interj)	嗯	(signalisiert Einverständnis)
C	dàbiàn	(N)	大便	Stuhlgang
B	gān	(Adj)	干	trocken
C	xiǎobiàn	(N)	小便	Urin
X	shànghuǒ	(V+O)	上火	an innerer Hitze leiden
X	fù	(ZEW)	服	Dosis
X	tāngyào	(N)	汤药	Heilkräutertee

第七课

A	búyào	(Adv)	不要	nicht dürfen
B	píngcháng	(N/Adj)	平常	üblich, normalerweise
B	luóbo	(N)	萝卜	Rübe

2.3

B	xuǎnzé	(V)	选择	wählen
A	jiǎnchá	(V/N)	检查	kontrollieren; Kontrolle
D	zhěnduàn	(V)	诊断	Diagnose stellen
B	jiànyì	(N/V)	建议	Vorschlag; vorschlagen
A	liú	(V)	流	fliessen
D	bítì	(N)	鼻涕	Nasenschleim, Rotz
X	tīngzhěn	(V)	听诊	auskultieren
X	tóu yūn		头晕	schwindlig sein
A	dàifu	(N)	大夫	Doktor
X	yànxiě	(V+O)	验血	Blut untersuchen
B	liáng	(V)	量	messen
D	xuèyā	(N)	血压	Blutdruck
X	tòushì	(V)	透视	durchleuchten
X	chángyán	(N)	肠炎	Darmentzündung
X	guānjiéyán	(N)	关节炎	Gelenkentzündung
X	fèiyán	(N)	肺炎	Lungenentzündung
A	duànliàn	(V)	锻炼	sich stählen, trainieren
B	xīyān	(V+O)	吸烟	rauchen
A	nuǎnhuo	(Adj)	暖和	warm

2.5

A	zhèngquè	(Adj)	正确	korrekt
B	dá'àn	(N)	答案	Antwort, Lösung
X	Qīngcháo	(EN)	清朝	Qing-Dynastie (1616–1911)
C	yàofāng	(N)	药方	Rezept
B	fēndiàn	(N)	分店	Filiale

	X	měiróng	(N)	美容	Kosmetik, Schönheitspflege

3.1

	B	lǐfà	(V+O)	理发	frisieren
	A	shīfu	(N)	师傅	Meister
	X	lǐfàshī	(N)	理发师	Frisör
	B	jiǎn	(V)	剪	schneiden
	X	píngtóu	(N)	平头	Bürstenschnitt
	B	rǎn	(V)	染	färben
	B	tiǎo	(V)	挑	herausziehen
	B	yíbàn	(N)	一半	Hälfte
	X	tàng tóufa	(V+O)	烫头发	Dauerwellen machen
	X	fàxíng	(N)	发型	Frisur
	B	xiǎnde	(V)	显得	aussehen

3.2

	B	āiyā	(Interj)	哎呀	(signalisiert Entsetzen)
	A	zhèyàng	(Pro)	这样	so, auf diese Weise
	C	jīngshen	(N/Adj)	精神	Energie; beschwingt, munter
	D	wō	(N)	窝	Nest
	B	wa	(Part)	哇	(satzabschliessende Modalpartikel nach den Auslauten "u, ao")
	C	kěbushì	(Adv)	可不是	eben, genau
	A	ya	(Part)	呀	(satzabschliessende Modalpartikel nach den Auslauten "a,e,i,o,ü")
	B	guǎn	(V)	管	sich kümmern

3.3

	B	yǔ	(Präp/Konj)	与	und
	X	zhěngxíng	(V+O)	整形	plastisch–chirurgisch behandeln; plastische Chirurgie
	C	xián	(V)	嫌	nicht leiden können, ausmachen
	X	yǎnpí	(N)	眼皮	Lid

第七课

C	diàn	(V)	垫	unterlegen
B	píng	(Adj)	平	flach
X	lóngxiōng	(V+O)	隆胸	Brust vergrössern
X	wénshēn	(V+O)	文身	tätowieren; Tätowierung
B	búguò	(Adv)	不过	bloss, aber
C	liúmáng	(N)	流氓	Halbstarker
A	zuìjìn	(N)	最近	kürzlich
B	gèzi	(N)	个子	Statur
A	ǎi	(Adj)	矮	klein
A	zēngjiā	(V)	增加	zunehmen, steigern
X	shēngāo	(N)	身高	Körpergrösse
A	nán	(Adj)	难	schwierig, schwer
B	lǐjiě	(V/N)	理解	verstehen, begreifen
B	kànfǎ	(N)	看法	Ansicht
B	fǎnyìng	(V/N)	反应	reagieren; Reaktion
B	zànchéng	(V)	赞成	zustimmen
B	měi	(Adj)	美	schön
B	zìrán	(Adj/N)	自然	natürlich; Natur
A	fǎnduì	(V)	反对	ablehnen
A	wēixiǎn	(Adj/N)	危险	gefährlich; Gefahr
B	wúsuǒwèi	(V)	无所谓	egal sein
A	biérén	(Pro)	别人	andere
X	gēn … méi guānxi		跟……没关系	nichts zu tun haben mit

3.5

B	jiǎn	(V)	减	subtrahieren, reduzieren
B	niánlíng	(N)	年龄	Alter
A	gōngfēn	(N)	公分	Zentimeter
A	zhòng	(Adj)	重	schwer
D	tǐzhòng	(N)	体重	Körpergewicht
A	gōngjīn	(N)	公斤	Kilogramm
B	pàng	(Adj)	胖	dick
X	fāpàng	(V+O)	发胖	dick werden
A	yùndòng	(V/N)	运动	sich bewegen; Bewegung, Sport

B	chāo	(V)	超	überschreiten
X	zhòngdù	(Adj)	重度	schwer, schwergradig
C	zhìliáo	(V)	治疗	behandeln
B	yǔmáoqiú	(N)	羽毛球	Badminton
C	rèliàng	(N)	热量	Wärmemenge
D	kǎ	(ZEW)	卡	Kalorie
X	jìkǒu	(V+O)	忌口	Diät halten
B	xiàoguǒ	(N)	效果	Wirkung
B	jiǎnshǎo	(V)	减少	reduzieren
A	jīngguò	(V)	经过	durchlaufen
A	qīng	(Adj)	轻	leicht
B	zhèngcháng	(Adj)	正常	normal

X	shěnměiguān	(N)	审美观	Schönheitsbegriff
X	zān huā	(V+O)	簪花	Blumen ins Haar stecken
X	shìnǚ	(N)	仕女	Palastdame
C	júbù	(N)	局部	Teil
X	Tángcháo	(EN)	唐朝	Tang-Dynastie (618–907)
X	jì	(N)	髻	Haarknoten
B	jīn	(N)	金	Gold, Metall
X	shǒushi	(N)	首饰	Kopfschmuck, Schmuck
X	échì	(N)	蛾翅	Mottenflügel
X	shāyī	(N)	纱衣	Schleierkleid
D	guìzú	(N)	贵族	Adel
A	zhe	(Part)	着	(durative Aspektpartikel)
C	shū	(V)	梳	kämmen
X	fúchén	(N)	拂尘	Staubwedel (aus Pferdeschwanzhaaren)
B	shēnbiān	(N)	身边	bei sich, an der Seite
A	gēn	(V)	跟	folgen
A	zhī	(ZEW)	只	(ZEW für kleine Tiere)
X	měirén	(N)	美人	Schönheit

第七课

D	huàzhuāng	(V+O)	化妆	schminken
A	huà	(V)	画	malen
B	cū	(Adj)	粗	dick, grob
X	yīngtao	(N)	樱桃	Kirsche
A	biànhuà	(V/N)	变化	sich verändern; Veränderung
B	yuèláiyuè	(Adv)	越来越	mehr und mehr

第七课

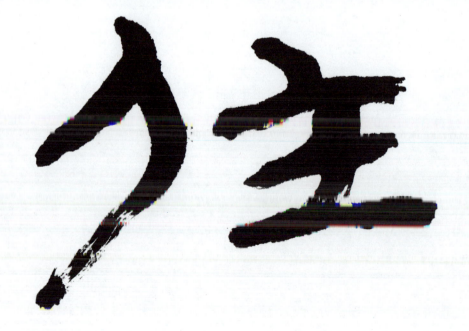

第八课

1 搬家 Bānjiā

1.1 买上了新房
Mǎishàngle xīn fáng

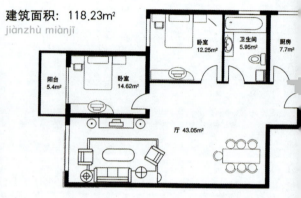

建筑面积: 118.23m²
jiànzhù miànjī

王家在中关村附近新买了一套住房。有客厅、两间卧室、厨房、卫生间。客
有四十多平方米，窗户朝西。有一间卧室通向阳台。客厅和卧室都铺了村
板，墙壁都是白色的。水电设备很齐全。有暖气、热水器、煤气。有两个电
插座、两个公用天线插座。现在他们正准备搬家。

Wáng jiā zài Zhōngguāncūn fùjìn xīn mǎile yí tào zhùfáng. Yǒu kètīng、liǎng jiān wòshì、chúfá
wèishēngjiān. Kètīng yǒu sìshí duō píngfāngmǐ, chuānghu cháo xī. Yǒu yì jiān wòshì tōngxiàng
yángtái. Kètīng hé wòshì dōu pūle mùdìbǎn, qiángbì dōu shì báisè de. Shuǐdiàn shèbèi hěn
qíquán. Yǒu nuǎnqì、rèshuǐqì、méiqì. Yǒu liǎng gè diànhuà chāzuò、liǎng gè gōngyòng tiānxià
chāzuò. Xiànzài tāmen zhèng zhǔnbèi bānjiā.

.2 家具放在哪儿
Jiājù fàngzài nǎr?

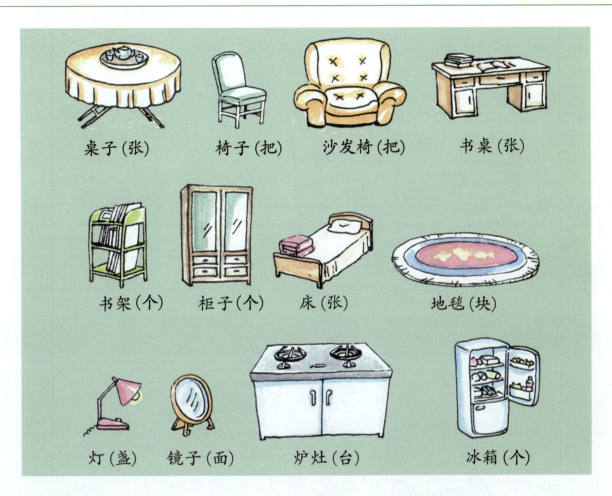

桌子 (张)　　椅子 (把)　　沙发椅 (把)　　书桌 (张)

书架 (个)　　柜子 (个)　　床 (张)　　地毯 (块)

灯 (盏)　　镜子 (面)　　炉灶 (台)　　冰箱 (个)

桌子放在 ＿＿＿＿＿＿＿＿＿＿＿ 里。
Zhuōzi fàngzài　　　　　　　　li.

地毯铺在 ＿＿＿＿＿＿＿＿＿＿＿ 上。
Dìtǎn pūzài　　　　　　　　shang.

椅子摆在 ＿＿＿＿＿＿＿＿＿＿ 周围。
Yǐzi bǎizài　　　　　　　　zhōuwéi.

柜子搬到……
Guìzi bāndào …

第八课

1.3 描述房间布置
Miáoshù fángjiān bùzhì

如果你不知道这些东西在汉语里叫什么，就查词典。

Rúguǒ nǐ bù zhīdào zhèxiē dōngxi zài Hànyǔ li jiào shénme, jiù chá cídiǎn.

客厅里放着两把沙发椅，窗上挂着白色的窗帘，……

Kètīng li fàngzhe liǎng bǎ shāfāyǐ, chuāng shang guàzhe báisè de chuānglián, …

厨房里放着……，安装了……

Chúfáng li fàngzhe …, ānzhuāngle …

卧室里放着……

Wòshì li fàngzhe …

卫生间里安装了……

Wèishēngjiān li ānzhuāngle …

替工人回答
Tì gōngrén huídá

主人的要求（1-9），工人都做不到，都有理由。
Zhǔrén de yāoqiú (1-9), gōngrén dōu zuò bu dào, dōu yǒu lǐyóu.

主　把车开进院子里来!
　　Bǎ chē kāijìn yuànzi li lái!

工　大门锁着，开不进去。
　　Dàmén suǒzhe, kāi bu jìnqù.

主　把书架从车上拿出来!
　　Bǎ shūjià cóng chē shang ná chūlái!

工　太大了……
　　Tài dà le ...

主　把炉灶抬上去!
　　Bǎ lúzào tái shàngqù!

工　楼梯太窄了……
　　Lóutī tài zhǎi le ...

主　把柜子搬进卧室里去!
　　Bǎ guìzi bānjìn wòshì li qù!

工　门太低了……
　　Mén tài dī le ...

第八课

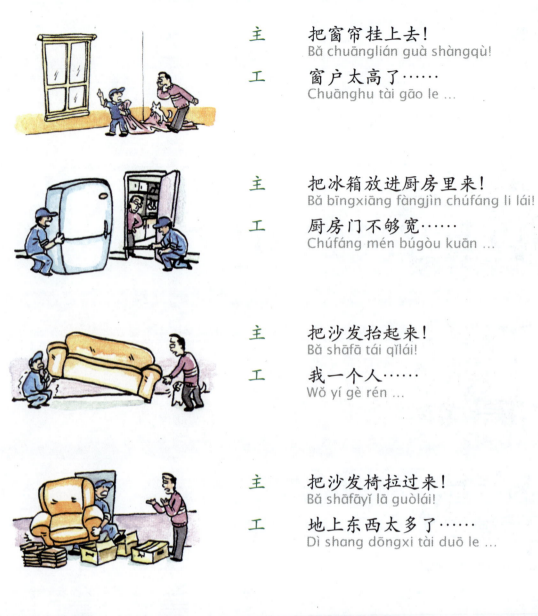

主　把窗帘挂上去！
Bǎ chuānglián guà shàngqù!

工　窗户太高了……
Chuānghu tài gāo le …

主　把冰箱放进厨房里来！
Bǎ bīngxiāng fàngjìn chúfáng li lái!

工　厨房门不够宽……
Chúfáng mén búgòu kuān …

主　把沙发抬起来！
Bǎ shāfā tái qǐlái!

工　我一个人……
Wǒ yí gè rén …

主　把沙发椅拉过来！
Bǎ shāfāyǐ lā guòlái!

工　地上东西太多了……
Dì shang dōngxi tài duō le …

主　把床推过去！
Bǎ chuáng tuī guòqù!

工　床太重了……
Chuáng tài zhòng le …

主　算了，你回去吧！
Suànle, nǐ huíqù ba!

2 　租房　Zūfáng

.1　看房屋出租信息回答问题
Kàn fángwū chūzū xìnxī huídá wèntí

您的位置： 北京房屋网>>租房>>出租>>海淀区白石桥
Nín de wèizhì: Běijīng fángwū wǎng>>zūfáng>>chūzū>>Hǎidiàn Qū Báishíqiáo

地点 Dìdiǎn	动物园附近 dòngwùyuán fùjìn
房屋类型 Fángwū lèixíng	普通住宅 pǔtōng zhùzhái
楼层 Lóucéng	共18层，第4层 gòng 18 céng, dì 4 céng
户型 Hùxíng	4室1厅1卫 4 shì 1 tīng 1 wèi
是否中介 Shìfǒu zhōngjiè	个人（中介勿扰） gèrén (zhōngjiè wù rǎo)
建筑面积 Jiànzhù miànjī	100 m²
租金 Zūjīn	1500 元/月 1500 yuán/yuè
设备情况 Shèbèi qíngkuàng	暖气、煤气、热水器、家具（桌椅沙发床衣柜） nuǎnqì、méiqì、rèshuǐqì、jiājù (zhuō yǐ shāfā chuáng yīguì)
其他信息 Qítā xìnxī	最短租期：1年，押金要求：1月租金 Zuì duǎn zūqī: 1 nián, yājīn yāoqiú: 1 yuè zūjīn 入住时间：月初，看房时间：随时 Rùzhù shíjiān: yuèchū, kàn fáng shíjiān: suíshí
备注 Bèizhù	交通方便，购物、休闲、健身、教育条件齐全 Jiāotōng fāngbiàn, gòuwù、xiūxián、jiànshēn、jiàoyù tiáojiàn qíquán

第八课

您的位置：北京房屋网>>租房>>合租>>海淀区学院南路
Nín de wèizhì: Běijīng fángwū wǎng>>zūfáng>>hézū>>Hǎidiàn Qū Xuéyuàn Nánlù

地点 Dìdiǎn	北师大南门对面 Běishīdà nánmén duìmiàn
房屋类型 Fángwū lèixíng	普通住宅 pǔtōng zhùzhái
楼层 Lóucéng	共6层，第5层 gòng 6 céng, dì 5 céng
户型 Hùxíng	3室1厅2卫 3 shì 1 tīng 2 wèi
是否中介 Shìfǒu zhōngjiè	个人（中介勿扰） gèrén (zhōngjiè wù rǎo)
面积 Miànjī	16 m²/间 jiān
租金 Zūjīn	900元/月 900 yuán/yuè
设备情况 Shèbèi qíngkuàng	卫星电视、宽带入网、冰箱、洗衣机、家具 wèixīng diànshì、kuāndài rù wǎng、bīngxiāng、xǐyījī、jiājù
其他信息 Qítā xìnxī	入住时间：月底入住，看房时间：工作日晚上 Rùzhù shíjiān: yuèdǐ rùzhù, kàn fáng shíjiān: gōngzuòrì wǎnshang
备注 Bèizhù	我们出租其中一间，其他房间都是大学生（男）， Wǒmen chūzū qízhōng yì jiān, qítā fángjiān dōu shì dàxuéshēng (nán), 要求不吸烟不喝酒。 yāoqiú bù xīyān bù hē jiǔ.

1	这套住房在哪儿？ Zhè tào zhùfáng zài nǎr?	2	是别墅还是普通住宅？ Shì biéshù háishi pǔtōng zhùzhái?
3	在几楼？有几间房间？ Zài jǐ lóu? Yǒu jǐ jiān fángjiān?	4	有多少平方米？ Yǒu duōshao píngfāngmǐ?
5	带什么设备？ Dài shénme shèbèi?	6	房租一个月多少钱？ Fángzū yí ge yuè duōshao qián?
7	什么时候可以搬进去？ Shénme shíhou kěyǐ bān jìnqù?	8	广告还提供了什么信息？ Guǎnggào hái tígōngle shénme xìnxī?

.2 上网找房子
Shàngwǎng zhǎo fángzi

根据你个人的条件和情况上网在北京或别的城市找住房。
Gēnjù nǐ gèrén de tiáojiàn hé qíngkuàng shàngwǎng zài Běijīng huò biéde chéngshì zhǎo zhùfáng.

.3 改述房屋求租广告
Gǎishù fángwū qiúzū guǎnggào

一室　求租三环以内近西直门，安静，简家厨卫煤暖气，月租面谈。联系人王小姐，手机……
Yí shì　Qiúzū Sānhuán yǐnèi jìn Xīzhímén, ānjìng, jiǎn jiā chú wèi méi nuǎnqì, yuèzū miàntán. Liánxìrén Wáng xiǎojie, shǒujī …

改述：王小姐想在三环以内找个两间的住房，最好离西直门不远而且环境很安静。她要求不高，有简单的家具、厨房和卫生间，有煤气、暖气就行了。房租多少，见面的时候再说。请打手机联系。
Gǎishù: Wáng xiǎojie xiǎng zài Sānhuán yǐnèi zhǎo gè liǎng jiān de zhùfáng, zuìhǎo lí Xīzhímén bù yuǎn érqiě huánjìng hěn ānjìng. Tā yāoqiú bù gāo, yǒu jiǎndān de jiājù、chúfáng hé wèishēngjiān, yǒu méiqì、nuǎnqì jiù xíng le. Fángzū duōshao, jiànmiàn de shíhou zài shuō. Qǐng dǎ shǒujī liánxì.

两室　急租学院路以东一室或两室，简家厨卫，购物方便，近公园，月租2000元以下，联系人李先生，电子邮件li996@……
Liǎng shì　Jí zū Xuéyuàn Lù yǐdōng yí shì huò liǎng shì, jiǎn jiā chú wèi, gòuwù fāngbiàn, jìn gōngyuán, yuèzū 2000 yuán yǐxià, liánxìrén Lǐ xiānsheng, diànzǐ yóujiàn li996@ …

三室　求租东城区，商住两用房，100平米以上，安全，家电齐全，月租4500以内。联系电话……
Sān shì　Qiúzū Dōngchéng Qū, shāng-zhù liǎng yòng fáng, 100 píngmǐ yǐshàng, ānquán, jiā diàn qíquán, yuèzū 4500 yǐnèi. Liánxì diànhuà …

第八课

2.4 图文搭配并填空
Tú Wén dāpèi bìng tiánkòng

I

J

K

L

M

N

O

P

第八课

这间宿舍住不下去了因为：
Zhè jiān sùshè zhù bu xiàqù le yīnwèi:

A+7　　床太短了，躺不下。
　　　　Chuáng tài duǎn le, tǎng bu xià.

　　　　电脑死机，_____。
　　　　Diànnǎo sǐjī,

　　　　保险箱密码不对，_____。
　　　　Bǎoxiǎnxiāng mìmǎ bú duì,

　　　　插座不对，_____。
　　　　Chāzuò bú duì,

　　　　被子太厚了，_____。
　　　　Bèizi tài hòu le,

　　　　空调出毛病了，_____。
　　　　Kōngtiáo chū máobing le,

　　　　保险烧了，_____。
　　　　Bǎoxiǎn shāo le,

　　　　马桶水箱坏了，_____。
　　　　Mǎtǒng shuǐxiāng huài le,

　　　　水管漏水了，_____。
　　　　Shuǐguǎn lòu shuǐ le,

　　　　门锁被撬了，_____。
　　　　Ménsuǒ bèi qiào le,

　　　　电话没声音，_____。
　　　　Diànhuà méi shēngyīn,

　　　　停电了，_____。
　　　　Tíngdiàn le,

　　　　噪音太大，_____。
　　　　Zàoyīn tài dà,

　　　　电视有问题，_____。
　　　　Diànshì yǒu wèntí,

　　　　下水道堵上了，_____。
　　　　Xiàshuǐdào dǔshàng le,

　　　　暖气冷了，_____。
　　　　Nuǎnqì lěng le,

1	电梯用不了 diàntī yòng bu liǎo	2	打不出去 dǎ bu chūqù
3	热不起来 rè bu qǐlái	4	用不了电炉，煮不了咖啡 yòng bu liǎo diànlú, zhǔ bu liǎo kāfēi
5	热得受不了 rè de shòu bu liǎo	6	调不好 tiáo bu hǎo
7	躺不下 tǎng bu xià	8	水上不来 shuǐ shàng bu lái
9	关不上 guān bu shàng	10	堵不住 dǔ bu zhù
11	插头插不上 chātóu chā bu shàng	12	打不开 dǎ bu kāi
13	收不到国际台 shōu bu dào guójìtái	14	睡不着觉 shuì bu zháo jiào
15	锁不上 suǒ bu shàng	16	水下不去 shuǐ xià bu qù

第八课

3 理想住房　Lǐxiǎng Zhùfáng

我，男，35岁，北京户口，收入高，已经结婚，有一个儿子。
我现在的房子（北京）离上班地点25公里，离老爹老妈30公里。自己开车上班
要开一小时以上。房子有113平方米，有两室两厅两卫。

Wǒ, nán, 35 suì, Běijīng hùkǒu, shōurù gāo, yǐjīng jiéhūn, yǒu yí gè érzi.
Wǒ xiànzài de fángzi (Běijīng) lí shàngbān dìdiǎn 25 gōnglǐ, lí lǎodiē lǎomā 30 gōnglǐ. Zìjǐ kāichē
shàngbān yào kāi yì xiǎoshí yǐshàng. Fángzi yǒu 113 píngfāngmǐ, yǒu liǎng shì liǎng tīng liǎng
wèi.

我理想的房子应该离上班地点、购物中心很近，
开车最多20分钟。一路上没有十字路口，也就没
有红绿灯。高速公路应该免费。门口有公共汽车
或地铁。

Wǒ lǐxiǎng de fángzi yīnggāi lí shàngbān dìdiǎn, gòuwù
zhōngxīn hěn jìn, kāichē zuì duō 20 fēnzhōng. Yílù shang
méiyǒu shízì lùkǒu, yě jiù méiyǒu hónglǜdēng. Gāosù
gōnglù yīnggāi miǎnfèi. Ménkǒu yǒu gōnggòng qìchē huò
dìtiě.

从家里走10-15分钟就到健身中心。一年四季可
以游泳，可以打网球、乒乓球、羽毛球，可以桑
拿。有健身教练。
走5-10分钟就到超市，可以买到生活需要的一
切。所有的瓜果蔬菜都没有农药。

Cóng jiāli zǒu 10-15 fēnzhōng jiù dào jiànshēn zhōngxīn.
Yì nián sì jì kěyǐ yóuyǒng, kěyǐ dǎ wǎngqiú, pīngpāngqiú,
yǔmáoqiú, kěyǐ sāngná. Yǒu jiànshēn jiàoliàn.
Zǒu 5-10 fēnzhōng jiù dào chāoshì, kěyǐ mǎidào shēnghuó
xūyào de yìqiè. Suǒyǒu de guāguǒ shūcài dōu méiyǒu
nóngyào.

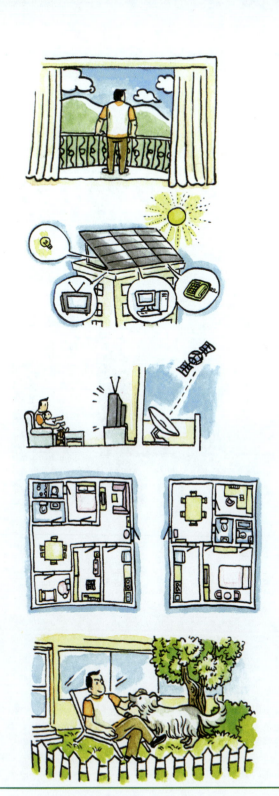

坐在房间里，从窗户能看见花草树木，走上阳台可以看到远山。全年空气质量达到一级。

太阳能提供电灯、电视、电脑、电话需要的能源。交固定的上网费，随时上网。能接收世界各地的卫星电视节目。

Zuòzài fángjiān li, cóng chuānghu néng kànjiàn huācǎo shùmù, zǒushàng yángtái kěyǐ kàndào yuǎn shān. Quánnián kōngqì zhìliàng dádào yī jí.
Tàiyángnéng tígōng diàndēng、diànshì、diànnǎo、diànhuà xūyào de néngyuán. Jiāo gùdìng de shàngwǎngfèi, suíshí shàngwǎng. Néng jiēshōu shìjiè gè dì de wèixīng diànshì jiémù.

我需要两套，做邻居。一套是三室两厅两卫，有主人房、书房、儿童房、客厅、餐厅和两间卫生间，我自己家住。另一套是两室一厅两卫，我父母住。

如果有院子，我会选住一层。我会在院子里种上一棵树，养上一只狗。

Wǒ xūyào liǎng tào, zuò línjū. Yí tào shì sān shì liǎng tīng liǎng wèi, yǒu zhǔrénfáng、shūfáng、értóngfáng、kètīng、cāntīng hé liǎng jiān wèishēngjiān, wǒ zìjǐ jiā zhù. Lìng yí tào shì liǎng shì yì tīng liǎng wèi, wǒ fùmǔ zhù.
Rúguǒ yǒu yuànzi, wǒ huì xuǎn zhù yī céng. Wǒ huì zài yuànzi li zhòngshàng yì kē shù, yǎngshàng yì zhī gǒu.

第八课

4　民居　**Mínjū**

4.1　四合院
Sìhéyuàn

东城区东厂北巷

东城区美术馆东街

四合院是北京传统的住宅形式。为什么叫"四合院"，这是因为院子的东、西、南、北四面都有房子，一般对外只有一个门，院子里可以种树种花，养鱼养鸟。不但一家人住很合适，而且据说风水好。

时代变了，人们的生活方式也变了。现在如果去四合院访问，那里的居民差不多都想住现代化楼房，老房被拆掉，他们都不在乎。

Sìhéyuàn shì Běijīng chuántǒng de zhùzhái xíngshì. Wèishénme jiào "sìhéyuàn", zhè shì yīnwèi yuànzi de dōng、xī、nán、běi sìmiàn dōu yǒu fángzi, yìbān duì wài zhǐ yǒu yí gè mén, yuànzi li kěyǐ zhòng shù zhòng huā, yǎng yú yǎng niǎo. Búdàn yì jiā rén zhù hěn héshì, érqiě jùshuō fēngshuǐ hǎo.

Shídài biàn le, rénmen de shēnghuó fāngshì yě biàn le. Xiànzài rúguǒ qù sìhéyuàn fǎngwèn, nàlǐ de jūmín chàbuduō dōu xiǎng zhù xiàndàihuà lóufáng, lǎofáng bèi chāidiào, tāmen dōu bú zàihu.

4.2 方便了、干净了、舒服了
Fāngbiàn le、gānjìng le、shūfu le

两年以前，张大妈一家从旧住房搬进了新建楼房。记者问她为什么这么快乐，张大妈说，以前早上起来就排队等着接水，晚上有时一家人用一盆水洗脸、洗脚，再冲厕所。一到夏天就得把家里所有的房门窗户都打开，通风，要不热得受不了。

现在不同了！现在不用每天下班一到家，就先得生炉子才能做饭，弄得家里到处是灰尘，怎么也打扫不干净。一打开开关，火就出来了，做饭炒菜又快又方便，厨房炉灶一擦就亮，又省事又干净。有了热水器，随时可以洗热水澡。三间房都安装了空调，天一热，就把空调打开。多么舒服啊！多么干净啊！多么方便啊！多么……啊！

（根据《北京青年报》记者访问报道改写）

Liǎng nián yǐqián, Zhāng dàmā yì jiā cóng jiù zhùfáng bānjìnle xīn jiàn lóufáng. Jìzhě wèn tā wèishénme zhème kuàilè, Zhāng dàmā shuō, yǐqián zǎoshàng qǐlái jiù páiduì děngzhe jiē shuǐ, wǎnshang yǒushí yì jiā rén yòng yì pén shuǐ xǐliǎn、xǐjiǎo, zài chōng cèsuǒ. Yí dào xiàtiān jiù děi bǎ jiāli suǒyǒu de fángmén chuānghu dōu dǎkāi, tōngfēng, yàobù rè de shòu bu liǎo.

Xiànzài bùtóng le! Xiànzài bú yòng měi tiān xiàbān yí dào jiā, jiù xiān děi shēng lúzi cái néng zuòfàn, nòng de jiāli dàochù shì huīchén, zěnme yě dǎsǎo bù gānjìng. Yì dǎkāi kāiguān, huǒ jiù chūlái le, zuòfàn chǎocài yòu kuài yòu fāngbiàn, chúfáng lúzào yì cā jiù liàng, yòu shěngshì yòu gānjìng. Yǒu le rèshuǐqì, suíshí kěyǐ xǐ rèshuǐ zǎo. Sān jiān fáng dōu ānzhuāngle kōngtiáo, tiān yí rè, jiù bǎ kōngtiáo dǎkāi. Duōme shūfu a! Duōme gānjìng a! Duōme fāngbiàn a! Duōme … a!

(Gēnjù «Běijīng Qīngnián Bào» jìzhě fǎngwèn bàodào gǎixiě)

第八课

4.3　听录音做笔记

Tīng lùyīn zuò bǐjì

蒙古包
měnggǔbāo

石库门
shíkùmén

窑洞
yáodòng

土楼
tǔlóu

先熟悉生词，再听录音并且记下这些民居建筑的特点和好处。

Xiān shúxī shēngcí, zài tīng lùyīn bìngqiě jìxià zhèxiē mínjū jiànzhù de tèdiǎn hé hǎochu.

4.4　听录音说明特点

Tīng lùyīn shuōmíng tèdiǎn

徽州宏村
Huīzhōu Hóngcūn

听后说明宏村的特点。（包括：风水、背山面水、徽商、墙高窗小、安全、挖水渠、引水进村、饮用水、洗东西）

Tīng hòu shuōmíng Hóngcūn de tèdiǎn. (Bāokuò: fēngshuǐ、 bèishān-miànshuǐ、 Huīshāng、 qiáng gāo chuāng xiǎo、 ānquán、 wā shuǐqú、 yǐn shuǐ jìn cūn、 yǐnyòngshuǐ、 xǐ dōngxi)

练习
Liànxí

1A 看平面图介绍房子 **Kàn píngmiàntú jièshào fángzi**

卧室
11.44m²

卧室
9.88m²

阳台
4.95m²

卧室 14.08m²

卫生间
5.4m²

卫生间
5.4m²

厨房
10.03m²

厅 47.31m²

三室一厅
建筑面积：147.29m²

1B 填上量词 **Tiánshàng liàngcí**

张	面	台	个	把	块
zhāng	miàn	tái	gè	bǎ	kuài

一 _____ 桌子
yī　　　zhuōzi

三 _____ 椅子
sān　　　yǐzi

一 _____ 镜子
yī　　　jìngzi

一 _____ 柜子
yī　　　guìzi

两 _____ 地毯
liǎng　　　dìtǎn

一 _____ 炉灶
yī　　　lúzào

第八课

1C 用 "放" 翻译 Yòng "fàng" fānyì

1   Wo kommt der Tisch hin?

2   Der Tisch kommt in die Küche.

3   Stell den Tisch in die Küche!

4   Er hat den Tisch in die Küche gestellt.

5   In der Küche steht ein weisser Tisch.

1D 加补语 "来、去" Jiā bǔyǔ "lái、qù"

	zum Sprecher hin	vom Sprecher weg
上 shàng	上来 shànglái	上去 shàngqù
上楼 shàng lóu		
回 huí		
回瑞士 huí Ruìshì		
拿书 ná shū		
寄一封信 jì yì fēng xìn		

1E 加补语 Jiā bǔyǔ

走 zǒu	(hinauf–)	走上去 zǒu shàngqù
拉沙发 lā shāfā	(herüber–)	把沙发…… bǎ shāfā …
挂画 guà huà	(auf–)	

拿衣服 ná yīfu	(heraus-)
搬桌子 bān zhuōzi	(ins Zimmer herein-)
开车 kāichē	(nach Hause zurück-)
插天线 chā tiānxiàn	(in die Steckdose)

F 翻译 Fānyì

Peter Bichsel: Ein Tisch ist ein Tisch (Auszug)

Ich will von einem alten Mann erzählen. Er wohnt in einer kleinen Stadt, nahe der Kreuzung. Er trägt einen grauen Hut, graue Hosen, einen grauen Rock und im Winter den langen grauen Mantel, und er hat einen dünnen Hals. Im obersten Stock des Hauses hat er sein Zimmer, vielleicht war er verheiratet und hatte Kinder, vielleicht wohnte er früher in einer andern Stadt.

In seinem Zimmer sind zwei Stühle, ein Tisch, ein Teppich, ein Bett und ein Schrank. Auf einem kleinen Tisch steht ein Wecker, daneben liegen alte Zeitungen und das Fotoalbum, an der Wand hängen ein Spiegel und ein Bild.

Der alte Mann machte morgens einen Spaziergang und nachmittags einen Spaziergang, sprach ein paar Worte mit seinem Nachbarn, und abends sass er an seinem Tisch.

Dann gab es einmal einen besonderen Tag, einen Tag mit Sonne.
Er lächelte.
„Jetzt wird sich alles ändern", dachte er.
Aber im Zimmer war alles gleich, ein Tisch, zwei Stühle, ein Bett.

„Immer derselbe Tisch", sagte der Mann, „dieselben Stühle, das Bett, das Bild. Und dem Tisch sage ich Tisch, dem Bild sage ich Bild, das Bett heisst Bett, und den Stuhl nennt man Stuhl. Warum denn eigentlich?" Die Franzosen sagen dem Bett „li", dem Tisch „tabl", nennen das Bild „tablo" und den

第八课

Stuhl „schäs", und sie verstehen sich. Und die Chinesen verstehen sich auch. „Warum heisst das Bett nicht Bild", dachte der Mann und lächelte.

„Jetzt ändert es sich", rief er, und er sagte von nun an dem Bett „Bild".

„Ich bin müde, ich will ins Bild", sagte er, und morgens blieb er oft lange im Bild liegen und überlegte, wie er nun dem Stuhl sagen wolle, und er nannte den Stuhl „Wecker".
Auch der Tisch hiess jetzt nicht mehr Tisch, er hiess jetzt Teppich. Am Morgen verliess also der Mann das Bild, zog sich an, setzte sich an den Teppich auf den Wecker und überlegte, wem er wi
sagen könnte.
Dem Bett sagte er Bild.
Dem Tisch sagte er Teppich.
Dem Stuhl sagte er Wecker.
Der Zeitung sagte er Bett.
Dem Spiegel sagte er Stuhl.
Dem Wecker sagte er Fotoalbum.
Dem Schrank sagte er Zeitung.
Dem Teppich sagte er Schrank.
Dem Bild sagte er Tisch.
Und dem Fotoalbum sagte er Spiegel.
Also:
Am Morgen blieb der alte Mann lange im Bild liegen, um neun läutete das Fotoalbum, der Mann stand auf und stellte sich auf den Schrank, dann nahm er seine Kleider aus der Zeitung, zog sich an, schaute in den Stuhl an der Wand, setzte sich dann auf den Wecker an den Teppich, und blätterte den Spiegel durch, bis er den Tisch seiner Mutter fand.
....
Aber eine lustige Geschichte ist das nicht. Der alte Mann im grauen Mantel konnte die Leute nich mehr verstehen, das war nicht so schlimm.

Viel schlimmer war, sie konnten ihn nicht mehr verstehen. Und deshalb sagte er nichts mehr.

Er schwieg, sprach nur noch mit sich selbst, grüsste nicht einmal mehr.

A 构词 Gòucí

间	浴	教学	诊	金	层	教	合	房	出	办公
jiān	yù	jiàoxué	zhěn	jīn	céng	jiào	hé	fáng	chū	bàngōng

求	三	主	屋	楼	卧	急	梯	月	道	航站
qiú	sān	zhǔ	wū	lóu	wò	jí	tī	yuè	dào	hángzhàn

楼　　楼层　　教学楼
lóu

租
zū

房
fáng

室
shì

B 找不同 Zhǎo bùtóng

例子: Lìzi:	月初 yuèchū	月底 yuèdǐ	月中 yuèzhōng	~~月租~~ yuèzū
1	住宅 zhùzhái	四合院 sìhéyuàn	别墅 biéshù	楼房 lóufáng
2	文身 wénshēn	健身 jiànshēn	锻炼 duànliàn	体育 tǐyù
3	宽带 kuāndài	天线 tiānxiàn	在线 zàixiàn	卫星 wèixīng
4	音乐 yīnyuè	声音 shēngyīn	录音 lùyīn	噪音 zàoyīn
5	电话 diànhuà	电子 diànzǐ	电灯 diàndēng	电视 diànshì

第八课

3

3A   怎么说?　Zěnme shuō?

例句:　家里所有的人叫全家。
Lìjù:　Jiāli suǒyǒu de rén jiào quánjiā.

1　身上所有的地方叫 _____。
　Shēn shang suǒyǒu de dìfang jiào

2　班里所有的同学叫 _____。
　Bān li suǒyǒu de tóngxué jiào

3　一年所有的时间叫 _____。
　Yì nián suǒyǒu de shíjiān jiào

4　世界上所有的国家叫 _____。
　Shìjiè shang suǒyǒu de guójiā jiào

5　一国所有的人或地方叫 _____。
　Yì guó suǒyǒu de rén huò dìfang jiào

3B   "所有、全、都、一切" 德语怎么说?
"Suǒyǒu、quán、dōu、yíqiè" Déyǔ zěnme shuō?

1　这套房子不错，当办公室当住宅都可以。
　Zhè tào fángzi bú cuò, dāng bàngōngshì dāng zhùzhái dōu kěyǐ.

2　我能看到全世界的卫星电视节目。
　Wǒ néng kàndào quán shìjiè de wèixīng diànshì jiémù.

3　在阳台上可以看到一切。
　Zài yángtái shang kěyǐ kàndào yíqiè.

4　工人能做到所有的要求。
　Gōngrén néng zuòdào suǒyǒu de yāoqiú.

5　吃得好，穿得好，还不是生活的一切。
　Chī de hǎo, chuān de hǎo, hái bú shì shēnghuó de yíqiè.

6　对全国的一切所有的人都很满意。
　Duì quánguó de yíqiè suǒyǒu de rén dōu hěn mǎnyì.

4A 搭配动词　*Dāpèi dòngcí*

通	省	记	交	收	养	打开	提供	联系	说明
tōng	shěng	jì	jiāo	shōu	yǎng	dǎkāi	tígōng	liánxì	shuōmíng

＿＿ 问题	＿＿ 作业	＿＿ 信	＿＿ 信息	＿＿ 学校
wèntí	zuòyè	xìn	xìnxī	xuéxiào

＿＿ 孩子	＿＿ 时间	＿＿ 灯	＿＿ 地址	＿＿ 电话
háizi	shíjiān	dēng	dìzhǐ	diànhuà

4B 用 "一……就" 造句　*Yòng "yī … jiù" zàojù*

例句：　打开开关，火出来了。　　　一打开开关，火就出来了。
Lìjù:　　Dǎkāi kāiguān, huǒ chūlái le.　　Yì dǎkāi kāiguān, huǒ jiù chūlái le.

1　走上阳台，看见远山。
　　Zǒushàng yángtái, kànjiàn yuǎn shān.

2　打开热水器，有热水。
　　Dǎkāi rèshuǐqì, yǒu rè shuǐ.

3　出门，到健身中心。
　　Chūmén, dào jiànshēn zhōngxīn.

4　有噪音，睡不着觉。
　　Yǒu zàoyīn, shuì bu zháo jiào.

5　买到房子，搬家。
　　Mǎidào fángzi, bānjiā.

6　电脑出毛病，他着急。
　　Diànnǎo chū máobìng, tā zháojí.

第八课

4C 用"怎么也"造句　Yòng "zěnme yě" zàojù

例句：　家里到处是灰尘，怎么也打扫不干净。
Lìjù:　Jiāli dàochù shì huīchén, zěnme yě dǎsǎo bù gānjìng.

1　水管漏水了，_____（堵）
　　Shuǐguǎn lòushuǐ le,　　　　　　　　（dǔ）

2　柜子太重了，_____（抬）
　　Guìzi tài zhòng le,　　　　　　　　　（tái）

3　暖气冷了，_____（热）
　　Nuǎnqì lěng le,　　　　　　　　　　　（rè）

4　门锁坏了，_____（锁）
　　Ménsuǒ huài le,　　　　　　　　　　　（suǒ）

5　电脑死机，_____（关）
　　Diànnǎo sǐjī,　　　　　　　　　　　　（guān）

4D 怎么翻译"弄"？　Zěnme fānyì "nòng"?

1　要搬家了，得弄辆车。
　　Yào bānjiā le, děi nòng liàng chē.

2　还没有炉子，做不了饭，你去弄点儿吃的来。
　　Hái méiyǒu lúzi, zuò bu liǎo fàn, nǐ qù nòng diǎnr chī de lái.

3　明天有客人来，得把客厅弄干净。
　　Míngtiān yǒu kèrén lái, děi bǎ kètīng nòng gānjìng.

4　他把房间弄得挺漂亮。
　　Tā bǎ fángjiān nòng de tǐng piàoliang.

5　人太多，把厕所弄得脏极了。
　　Rén tài duō, bǎ cèsuǒ nòng de zāng jíle.

6　孩子把空调弄坏了。
　　Háizi bǎ kōngtiáo nònghuài le.

7　搬家工人把热水器弄漏了。
　　Bānjiā gōngrén bǎ rèshuǐqì nònglòu le.

8　我弄不清楚空调为什么不动。
　　Wǒ nòng bu qīngchu kōngtiáo wèishénme bú dòng.

选读 **Xuǎndú**

老舍《我的理想家庭》

我的理想家庭要有七间小平房：一间是客厅，古玩字画全非必要，只要几张很舒服宽松的椅子，一二小桌。一间书房，书籍不少，不管什么头版与古本，而都是我所爱读的。一张书桌，桌面是中国漆的，放上热茶杯不致烫成个圆白印儿。文具不讲究，可是都很好用。桌上老有一两枝鲜花，插在小瓶里。两间卧室，我独据一间，没有臭虫，而有一张极大极软的床。在这个床上，横睡直睡都可以，不论怎睡都一躺下就舒服合适，好像陷在棉花堆里，一点也不硬碰骨头。还有一间，是预备给客人住的。此外是一间厨房，一个厕所，没有下房，因为根本不预备用仆人。家中不要电话，不要播音机，不要留声机，不要麻将牌，不要风扇，不要保险柜。缺乏的东西本来很多，不过这几项是故意不要的，有人白送给我也不要。
院子必须很大。靠墙有几株小果木树。除了一块长方的土地，平坦无草，足够打开太极拳的，其他的地方就都种着花草——没有一种珍贵费事的，只求昌茂多花。屋中至少有一只花猫，院中至少也有一两盆金鱼；小树上悬着小笼，二三绿蝈蝈随意地鸣着。

这就该说到人了。屋子不多，又不要仆人，人口自然不能很多：一妻和一儿一女就正合适。先生管擦地板与玻璃，打扫院子，收拾花木，给鱼换水，给蝈蝈一两块绿黄瓜或几个毛豆；并管上街送信买书等事宜。太太管做饭，女儿任助手——顶好是十二三岁，不准小也不准大，老是十二三岁。儿子顶好是三岁，既会讲话，又胖胖的会淘气。母女于做饭之外，就做点针线，看小弟弟。大件衣服拿到外边去洗，小件的随时自己涮一涮。

选自《论语》第一〇〇期

1 画出学过的词语。
   Huàchū xuéguo de cíyǔ.

2 联想生词。
   Liánxiǎng shēngcí.

第八课

一见钟情

老猪的梦想

1

.3

(92) **Existenzsätze**　存现句

Existenzsätze beschreiben, wo sich eine Person, ein Gegenstand befindet. Das Objekt ist in der Regel indefinit.

Ort	Verb + 着/了	Objekt
客厅里 Kètīng li	放着 fàngzhe	一张桌子。 yì zhāng zhuōzi.
客厅里 Kètīng li	铺了 pūle	木头地板。 mùtou dìbǎn.

Vergleiche:

Handlung/Erzählung	Zustand/Beschreibung
他把桌子放在客厅里。 Tā bǎ zhuōzi fàngzài kètīng li.	客厅里放着一张桌子。 Kètīng li fàngzhe yì zhāng zhuōzi.

1.4

(77)   **Richtungskomplemente**   趋向补语

"Lái" und "qù" sind Komplemente, die die Sprecherposition als Ausgang oder Ziel einer Handlung kennzeichnen. (Vgl. dazu die zweiteiligen deutschen Verben mit "hin–" und "her–".)

拿来   拿去
nálái   *náqù*

Ein Lokativobjekt steht immer zwischen dem Verb und den Komplementen "lái" oder "qù".

出教室来
chū jiàoshì lái

Ein direktes Objekt kann zwischen oder nach dem Verb und Komplement stehen.

拿书来   拿来书
ná shū lái   *nálái shū*

(78)

(79)   Die Richtungskomplemente "shàng, xià, jìn, chū, huí, guò, qǐ" bezeichnen eine Bewegung, die vor irgendeiner Referenzposition ihren Ausgang nimmt. "Shàng, xià, jìn, chū, huí, guò, qǐ" können mi "lái" oder "qù" kombiniert werden, "qǐ" nur mit "lái".

抬上去	抬下去	抬进去	抬出去	抬回去	抬过去	
tái shàngqù	*tái xiàqù*	*tái jìnqù*	*tái chūqù*	*tái huíqù*	*tái guòqù*	
抬上来	抬下来	抬进来	抬出来	抬回来	抬过来	抬起来
tái shànglái	*tái xiàlái*	*tái jìnlái*	*tái chūlái*	*tái huílái*	*tái guòlái*	*tái qǐlái*

Ein Lokativobjekt steht vor den Komplementen "lái" und "qù".

放进厨房里去
fàngjìn chúfáng li qù

Beachte: Stehen die Richtungskomplemente direkt hinter dem Verb, werden sie in der Regel im schwachen Ton gesprochen.

拿来　　　　拿出来
nálai　　　　ná chulai

2

.4

(206) Die besondere Bedeutung der Richtungskomplemente 趋向补语的引申意义
Richtungskomplemente erhalten als Erweiterung bestimmter Verben oder Adjektive eine besondere Bedeutung. Das Komplement "xiàqù" bedeutet im ersten Beispielsatz "weiter", "qǐlái" im zweiten Satz "anfangen und anwachsen".

这间宿舍住不下去了。
Zhè jiān sùshè zhù bu xiàqù le.

暖气热不起来。
Nuǎnqì rè bu qǐlái.

4

.2

(29) Junktion mit "yī … jiù" 紧缩句
Die Textklammer "yī … jiù" signalisiert zwei unmittelbar aufeinanderfolgende Handlungen oder Sachverhalte.

（大妈）一打开开关，火就出来了。
(Dàmā) yì dǎkāi kāiguān, huǒ jiù chūlái le.

第八课

(89) **Exklamationen** 感叹句

Die Adverbien "duō" oder "duōme" in Verbindung mit der Satzpartikel "a" kennzeichnen
exklamative Äusserungen.

多干净啊!   多么舒服啊!
Duō gānjìng a!   Duōme shūfu a!

	X	bānjiā	(V+O)	搬家	umziehen

1.1

	B	jiànzhù	(V/N)	建筑	bauen; Gebäude
	B	miànjī	(N)	面积	Fläche
	C	kètīng	(N)	客厅	Wohnzimmer
	A	jiān	(ZEW)	间	(ZEW für Raum)
	D	wòshì	(N)	卧室	Schlafzimmer
	B	píngfāng	(N)	平方	Quadrat
	A	chuānghu	(N)	窗户	Fenster
	A	cháo	(Präp/V)	朝	in Richtung; sich orientieren nach
	A	tōng	(V/Adj)	通	durchgehen; verbunden sein mit
	A	xiàng	(Präp/V)	向	nach, gegen; gegenüberliegen
	X	yángtái	(N)	阳台	Balkon
	B	pū	(V)	铺	auslegen
	B	mùtou	(N)	木头	Holz
	C	dìbǎn	(N)	地板	Fussboden
	A	qiángbì	(N)	墙壁	Wand
	A	diàn	(N)	电	Strom
	B	shèbèi	(N)	设备	Ausstattung
	D	qíquán	(Adj)	齐全	komplett, vollständig
	B	nuǎnqì	(N)	暖气	Heizung
	X	rèshuǐqì	(N)	热水器	Durchlauferhitzer
	A	méiqì	(N)	煤气	Gas
	X	chāzuò	(N)	插座	Steckdose

第八课

X	tiānxiàn	(N)	天线	Antenne
A	zhǔnbèi	(V/N)	准备	vorbereiten; Vorbereitung

1.2

B	jiājù	(N)	家具	Möbel
A	zhuōzi	(N)	桌子	Tisch
A	yǐzi	(N)	椅子	Stuhl
B	shāfā	(N)	沙发	Sofa
X	shāfāyǐ	(N)	沙发椅	Sessel
X	shūzhuō	(N)	书桌	Schreibtisch
B	shūjià	(N)	书架	Bücherregal
C	guìzi	(N)	柜子	Schrank, Kasten
A	chuáng	(N)	床	Bett
C	dìtǎn	(N)	地毯	Teppich
A	dēng	(N)	灯	Lampe
B	jìngzi	(N)	镜子	Spiegel
X	lúzào	(N)	炉灶	Herd
X	bīngxiāng	(N)	冰箱	Eisschrank
A	bǎi	(V)	摆	stellen, aufstellen
A	zhōuwéi	(N)	周围	Umgebung, ringsum
A	bān	(V)	搬	umstellen, verrücken

1.3

D	miáoshù	(V)	描述	beschreiben
B	bùzhì	(V)	布置	einrichten
A	guà	(V)	挂	aufhängen
C	chuānglián	(N)	窗帘	Vorhang
C	ānzhuāng	(V)	安装	installieren

1.4

B	tì	(V/Präp)	替	vertreten; anstelle
B	zhǔrén	(N)	主人	Hausherr, Eigentümer
A	yāoqiú	(V/N)	要求	verlangen; Forderung
B	lǐyóu	(N)	理由	Grund, Erklärung

B	yuànzi	(N)	院子	Hof
C	suǒ	(N/V)	锁	Schloss; schliessen
A	tái	(V)	抬	hochheben, (zusammen) tragen
B	lóutī	(N)	楼梯	Treppe
B	zhǎi	(Adj)	窄	eng, schmal
C	búgòu	(Adv)	不够	nicht genug
B	kuān	(Adj)	宽	breit
A	qǐlái	(V)	起来	aufstehen; (als Komplement) hoch-, beginnen, einsetzen
A	guòlái	(V)	过来	herkommen; (als Komplement) herüber-
A	tuī	(V)	推	stossen
B	suànle		算了	Lass es sein! Vergiss es!

2

.1

C	fángwū	(N)	房屋	Häuser
C	chūzū	(V)	出租	vermieten
B	wèizhì	(N)	位置	Standort, Position
B	dìdiǎn	(N)	地点	Ort, Stelle
B	dòngwùyuán	(N)	动物园	zoologischer Garten
C	lèixíng	(N)	类型	Typ
A	pǔtōng	(Adj)	普通	allgemein, normal
C	zhùzhái	(N)	住宅	Wohnhaus
X	lóucéng	(N)	楼层	Stockwerk
X	hùxíng	(N)	户型	Wohnungstyp
C	shìfǒu	(Adv)	是否	ob … oder nicht
X	zhōngjiè	(N)	中介	Vermittler, -in
B	gèrén	(N)	个人	individuell, persönlich, Privatperson
D	wù	(Adv)	勿	nicht, nicht dürfen
X	rǎo	(V)	扰	stören, einmischen

第八课

D	zūjīn	(N)	租金	Miete
X	zūqī	(N)	租期	Mietperiode
C	yājīn	(N)	押金	Kaution
X	rùzhù	(V)	入住	einziehen
B	yuèchū	(N)	月初	Monatsanfang
B	suíshí	(Adv)	随时	jederzeit
X	bèizhù	(N)	备注	Bemerkung
X	gòuwù	(V+O)	购物	einkaufen
X	xiūxián	(V)	休闲	sich erholen, Freizeit-
X	jiànshēn	(V+O)	健身	fit bleiben, Fitness-
A	jiàoyù	(V/N)	教育	Bildung
A	tiáojiàn	(N)	条件	Bedingung, Verhältnisse, Möglichkeiten
X	hézū	(V)	合租	gemeinsam mieten
X	Běishīdà	(EN)	北师大	(Abk. von 北京师范大学) Pädagogische Hochschule Beijing
B	wèixīng	(N)	卫星	Satellit
X	kuāndài	(N)	宽带	Breitband
B	rù	(V)	入	hineingehen, eintreten
B	xǐyījī	(N)	洗衣机	Waschmaschine
B	yuèdǐ	(N)	月底	Monatsende
X	gōngzuòrì	(N)	工作日	Werktag
B	qízhōng	(N)	其中	darunter, darin
X	biéshù	(N)	别墅	Einfamilienhaus, Villa
A	lóufáng	(N)	楼房	mehrstöckiges Haus, Wohnblock
B	guǎnggào	(N)	广告	Anzeige, Inserat
B	tígōng	(V)	提供	versorgen, liefern

2.2

A	fángzi	(N)	房子	Haus, Wohnung
C	gēnjù	(V)	根据	gemäss

2.3

| X | gǎishù | (V) | 改述 | umformulieren |

X	qiúzū	(V)	求租	zu mieten gesucht
B	yǐnèi	(N)	以内	innerhalb
A	ānjìng	(Adj)	安静	ruhig
X	miàntán	(V)	面谈	persönlich besprechen
A	liánxì	(V/N)	联系	sich in Verbindung setzen; Kontakt
B	huánjìng	(N)	环境	Umgebung, Umwelt
A	gōngyuán	(N)	公园	öffentlicher Park
X	diànzǐ yóujiàn		电子邮件	E-Mail
D	shāng	(N)	商	Geschäft, Geschäftsmann
B	ānquán	(Adj)	安全	sicher
B	yǐshàng	(N)	以上	über

.4

A	tǎng	(V)	躺	sich hinlegen, liegen
X	sǐjī	(V+O)	死机	(Computer) abstürzen
C	bǎoxiǎnxiāng	(N)	保险箱	Tresor
C	mìmǎ	(N)	密码	Code
B	bèizi	(N)	被子	Bettdecke
B	hòu	(Adj)	厚	dick
B	máobing	(N)	毛病	Defekt, Störung
C	bǎoxiǎn	(Adj/N)	保险	sicher; Versicherung, Sicherung
X	mǎtǒng	(N)	马桶	Kloschüssel
X	shuǐxiāng	(N)	水箱	Spülkasten
X	shuǐguǎn	(N)	水管	Wasserleitung
B	lòu	(V)	漏	lecken, undicht sein
X	qiào	(V)	撬	aufbrechen
A	shēngyīn	(N)	声音	Ton
D	zàoyīn	(N)	噪音	Lärm, Geräusch
X	xiàshuǐdào	(N)	下水道	Abwasserleitung, Abwasserkanal
A	liǎo	(V)	了	beenden; (Komplement der Möglichkeit)
C	diànlú	(N)	电炉	Elektroherd
X	shòu bu liǎo		受不了	nicht aushalten können

第八课

X	tiáo	(V)	调	regulieren
X	chātóu	(N)	插头	Stecker
B	chā	(V)	插	stecken
A	shōu	(V)	收	empfangen

3

D	hùkǒu	(N)	户口	eingetragener ständiger Wohnsitz
C	diē	(N)	爹	Vater
C	yílù	(N)	一路	unterwegs
X	hónglǜdēng	(N)	红绿灯	Ampel
D	miǎnfèi	(V+O)	免费	Kosten erlassen, kostenlos
A	ménkǒu	(N)	门口	Eingang
D	sìjì	(N)	四季	vier Jahreszeiten
B	pīngpāngqiú	(N)	乒乓球	Tischtennis
X	sāngná	(N)	桑拿	Sauna
C	jiàoliàn	(N)	教练	Trainer
A	shēnghuó	(N/V)	生活	Leben; leben
A	xūyào	(V/N)	需要	bedürfen; Bedarf
A	yíqiè	(Pro)	一切	alles
A	suǒyǒu	(Adj)	所有	sämtlich
B	shūcài	(N)	蔬菜	Gemüse
X	nóngyào	(N)	农药	Pestizid
C	shùmù	(N)	树木	Bäume
A	shān	(N)	山	Berg
A	kōngqì	(N)	空气	Luft
B	zhìliàng	(N)	质量	Qualität
B	dádào	(V)	达到	erreichen
B	jí	(N)	级	Stufe
D	tàiyángnéng	(N)	太阳能	Sonnenenergie
B	néngyuán	(N)	能源	Energie(quelle)
A	jiāo	(V)	交	abgeben, bezahlen
C	gùdìng	(V/Adj)	固定	festlegen; fest
D	jiēshōu	(V)	接收	empfangen

B	línjū	(N)	邻居	Nachbar
X	shūfáng	(N)	书房	Studio
B	értóng	(N)	儿童	Kinder
B	cāntīng	(N)	餐厅	Esszimmer, Speisesaal
A	huì	(MV)	会	werden, wahrscheinlich sein
B	zhòng	(V)	种	pflanzen
A	kē	(ZEW)	棵	(ZEW für Baum)
B	yǎng	(V)	养	aufziehen, halten (Tier)

4

X	mínjū	(N)	民居	Wohnstätte

4.1

X	sìhéyuàn	(N)	四合院	Pekinger Hofhaus
B	chuántǒng	(N)	传统	Tradition
B	xíngshì	(N)	形式	Form
X	sìmiàn	(N)	四面	auf allen vier Seiten
B	niǎo	(N)	鸟	Vogel
B	jùshuō	(Adv)	据说	man sagt
X	fēngshuǐ	(N)	风水	Fengshui
B	shídài	(N)	时代	Zeiten, Epoche
B	fāngshì	(N)	方式	Weise
D	fǎngwèn	(V)	访问	offiziell besuchen
A	nàlǐ	(Pro)	那里	dort
C	jūmín	(N)	居民	Einwohner
C	xiàndàihuà	(V)	现代化	modernisieren
B	chāidiào	(V+K)	拆掉	abreissen
D	zàihu	(V)	在乎	sich Gedanken machen, nicht egal sein

4.2

X	dàmā	(N)	大妈	(liebenswürdige Anrede für alte Frau)

第八课

B	jiàn	(V)	建	bauen
A	kuàilè	(Adj)	快乐	glücklich
A	pén	(N)	盆	Becken
D	chōng	(V)	冲	spülen
A	yī … jiù		一……就	sobald
X	dǎkāi	(V+K)	打开	öffnen, anstellen
D	tōngfēng	(V+O)	通风	lüften
C	yàobù	(Konj)	要不	sonst
A	bùtóng	(Adj)	不同	verschieden, unterschiedlich
X	shēng lúzi	(V+O)	生炉子	Herd einfeuern
B	nòng	(V)	弄	machen, tun
B	dàochù	(Adv)	到处	überall
C	huīchén	(N)	灰尘	Staub
X	zěnme yě (bù)		怎么也（不）	einfach (nicht)
D	kāiguān	(N)	开关	Schalter
A	liàng	(Adj/V)	亮	glänzend; leuchten
X	shěngshì	(V+O)	省事	sich Mühe ersparen, vereinfachen
A	duōme	(Adv)	多么	wie (Ausruf)

4.3

B	bǐjì	(N)	笔记	Notizen
B	bìngqiě	(Konj)	并且	zudem
A	jì	(V)	记	notieren, sich merken
A	hǎochu	(N)	好处	Vorteil
A	shuōmíng	(V)	说明	erklären
C	jiàzi	(N)	架子	Gestell
B	bāo	(V)	包	einwickeln
X	yángmáo	(N)	羊毛	Wolle
X	zhānzi	(N)	毡子	Filz
C	liánjiē	(V)	连接	verbinden
B	pō	(N)	坡	Abhang
X	huángtǔ	(N)	黄土	Löss
B	fāng	(Adj)	方	quadratisch

A	yuán	(Adj)	圆	rund
B	quān	(N)	圈	Kreis
D	táifēng	(N)	台风	Taifun

4.4

X	Huīshāng	(EN)	徽商	Händler aus Huizhou
B	wā	(V)	挖	graben, ausheben
X	shuǐqú	(N)	水渠	Kanal
C	yǐn	(V)	引	leiten
X	yǐnyòngshuǐ	(N)	饮用水	Trinkwasser

第八课

第九课

1 旅游方式 Lǚyóu Fāngshì

1.1 团队旅游
Tuánduì lǚyóu

老师好!
看明信片好像在瑞士。
其实到中国已经五天了。我
们一路顺利,不过旅行社
安排得太紧,上车睡觉,
下车照相,导游领着买东西,
乱七八糟买了一大堆。
祝好!　　林大龙

南山牧场
Nan's Hill
龙胜南山是我国南方唯一的高山草场。海拔 2000 多米的高山顶万亩草原风光无限。

Frau Brigitte Kölla
Ostasiatisches Seminar
Universität Zürich
Zürichbergstr. 4
8032 Zürich
Switzerland

这是林大龙在路上写的明信片。他这次旅游是旅行社组织的。怎样旅游,每个人都有自己的爱好。请参考1.2的介绍,谈谈不同的旅游方式。

Zhè shì Lín Dàlóng zài lùshang xiě de míngxìnpiàn. Tā zhè cì lǚyóu shì lǚxíngshè zǔzhī de. Zěnyàng lǚyóu, měi gè rén dōu yǒu zìjǐ de àihào. Qǐng cānkǎo 1.2 de jièshào, tántan bùtóng de lǚyóu fāngshì.

1.2 个人旅游
Gèrén lǚyóu

某游客：

出去度假我不喜欢参加团队，喜欢自己旅行。当然，这样没有团队旅行那么省事、安全。一切都得自己来，定行程、了解当地景点和气候、订机票、找旅馆、办签证、打听是否必须打预防针、买旅游保险什么的。这时候还会从朋友那儿听到一些可怕的故事如绑架、凶杀、抢劫等犯罪案件。

现在大部分信息在网上就查得着，愿意提供经验的网友很多，不一定要靠旅行社。自己旅游省钱还是不省钱，是小事。主要是自由多了。想爬山爬山，想坐船坐船，想改变行程也不用跟旅行社打招呼。

不过我倒不是背包族，我是不要搭帐篷、睡睡袋的，更不会带炊具。对我来说，度假要轻松自由。冒一点儿险或者吃一点儿苦，没关系，但是不能过分。

Mǒu yóukè:

Chūqù dùjià wǒ bù xǐhuan cānjiā tuánduì, xǐhuan zìjǐ lǚxíng. Dāngrán, zhèyàng méiyǒu tuánduì lǚxíng nàme shěngshì、ānquán. Yíqiè dōu děi zìjǐ lái, dìng xíngchéng、liǎojiě dāngdì jǐngdiǎn hé qìhòu、dìng jīpiào、zhǎo lǚguǎn、bàn qiānzhèng、dǎting shìfǒu bìxū dǎ yùfángzhēn、mǎi lǚyóu bǎoxiǎn shénmede. Zhè shíhou hái huì cóng péngyou nàr tīngdào yìxiē kěpà de gùshi rú bǎngjià、xiōngshā、qiǎngjié děng fànzuì ànjiàn.

Xiànzài dà bùfen xìnxī zài wǎng shang jiù chá de zháo, yuànyì tígōng jīngyàn de wǎngyǒu hěn duō, bù yídìng yào kào lǚxíngshè. Zìjǐ lǚyóu shěngqián háishi bù shěngqián, shì xiǎoshì. Zhǔyào shì zìyóu duōle. Xiǎng pá shān pá shān, xiǎng zuò chuán zuò chuán, xiǎng gǎibiàn xíngchéng yě bú yòng gēn lǚxíngshè dǎ zhāohu.

Búguò wǒ dào bú shì bēibāozú, Wǒ shì bú yào dā zhàngpeng、shuì shuìdài de, gèng bú huì dài chuījù. Duì wǒ lái shuō, dùjià yào qīngsōng zìyóu. Mào yìdiǎnr xiǎn huòzhě chī yìdiǎnr kǔ, méi guānxi, dànshì bù néng guòfèn.

第九课

1.3 谈谈自己的旅游方式
Tántan zìjǐ de lǚyóu fāngshì

学生甲：
Xuésheng jiǎ:

我是背包族，我是喜欢搭帐篷的……
Wǒ shì bēibāozú, wǒ shì xǐhuan dā zhàngpeng de …

学生乙：
Xuésheng yǐ:

我不是背包族，不会像驴那样自己背背包到处走。我喜欢自助游，找旅行社只是为了安排行程和旅馆，不要导游，自己游览，因为……
Wǒ bú shì bēibāozú, wǒ bú huì xiàng lǘ nàyàng zìjǐ bēi bēibāo dàochù zǒu. Wǒ xǐhuan zìzhùyóu, zhǎo lǚxíngshè zhǐshì wèile ānpái xíngchéng hé lǚguǎn, bú yào dǎoyóu, zìjǐ yóulǎn, yīnwèi …

学生丙：
Xuésheng bǐng:

我跟某游客的想法正好相反。尽管有一点儿不自由，我还是常常参加团队，因为这样一切都安排好了……
Wǒ gēn mǒu yóukè de xiǎngfǎ zhènghǎo xiāngfǎn. Jǐnguǎn yǒuyìdiǎnr bú zìyóu, wǒ háishi chángcháng cānjiā tuánduì, yīnwèi zhèyàng yíqiè dōu ānpái hǎo le …

学生丁：
Xuésheng dīng:

我很少到处走，我喜欢在一个地方休闲，夏天到海边游游泳，冬天到山上滑滑雪……
Wǒ hěn shǎo dàochù zǒu, wǒ xǐhuan zài yí ge dìfang xiūxián, xiàtiān dào hǎibiān yóuyou yǒng, dōngtiān dào shān shang huáhua xuě …

.4 准备行李
Zhǔnbèi xíngli

1   下面都是为旅行准备的东西。你能想出来是什么吗?
    Xiàmiàn dōu shì wèi lǚxíng zhǔnbèi de dōngxi. Nǐ néng xiǎng chūlái shì shénme ma?

2   根据旅行方式和目的地的情况,选出并补充你需要的。
    Gēnjù lǚxíng fāngshì hé mùdìdì de qíngkuàng, xuǎnchū bìng bǔchōng nǐ xūyào de.

❏ 信用卡	❏ 现金	❏ _____	❏ _____	❏ _____	❏ _____
❏ 箱子	❏ 腰包	❏ 钱包	❏ 手提包	❏ _____	❏ _____
❏ 照相机	❏ 随身听	❏ GPS	❏ 笔记本	❏ _____	❏ _____
❏ 万能插头	❏ 充电器	❏ 旅游指南	❏ 礼物	❏ _____	❏ _____
❏ 止疼药	❏ 感冒药	❏ 肠胃药	❏ 驱蚊药	❏ 创可贴	❏ _____
❏ 牙刷	❏ 牙线	❏ 漱口水	❏ 擦脸油	❏ 防晒油	❏ _____
❏ 指甲刀	❏ 剪刀	❏ 军刀	❏ _____	❏ _____	
❏ 隐形眼镜	❏ 纸手帕	❏ 毛巾	❏ _____	❏ _____	
❏ 针线包	❏ 雨伞	❏ 炊具	❏ 头灯	❏ 指南针	
❏ 内衣	❏ 睡衣	❏ 雨衣	❏ 登山鞋	❏ _____	
❏ _____	❏ _____	❏ _____	❏ _____	❏ _____	
❏ _____	❏ _____	❏ _____	❏ _____	❏ _____	
❏ _____	❏ _____	❏ _____	❏ _____	❏ _____	

第九课

2 从上海到黄山 Cóng Shànghǎi dào Huáng Shān

2.1 游上海
Yóu Shànghǎi

发件人	驴友<lüyou@yahoo.com>
发送时间	2009年7月11日 18:30:50
收件人	beibaozu@hotmail.com
✎	2 附件

看，我们的旅馆房间多高级啊！（见附件1、2）今天到上海，先坐磁悬浮进城
到旅馆住下，然后上街转了一圈就去吃饭。

Kàn, wǒmen de lǚguǎn fángjiān duō gāojí a! (Jiàn fùjiàn 1、2) Jīntiān dào Shànghǎi, xiān zuò
cíxuánfú jìn chéng dào lǚguǎn zhùxià, ránhòu shàngjiē zhuànle yì quān jiù qù chīfàn.

发件人	驴友<lüyou@yahoo.com>
发送时间	2009年7月12日 17:51:14
收件人	beibaozu@hotmail.com
✎	4 附件

本来想早上八点就起床的，没想到一觉睡醒，拿起手机一看就傻了，因为时
差，手机闹钟根本没响，我妈的手机也忘了打开。结果大家集体睡懒觉，十一
点半才起来，早饭早就没戏了。

Běnlái xiǎng zǎoshang bā diǎn jiù qǐchuáng de, méi xiǎngdào yí jiào shuìxǐng, náqǐ shǒujī yí kàn
jiù shǎ le, yīnwèi shíchā, shǒujī nàozhōng gēnběn méi xiǎng, wǒ mā de shǒujī yě wàngle dǎkāi.
Jiéguǒ dàjiā jítǐ shuì lǎn jiào, shíyī diǎn bàn cái qǐlái, zǎofàn zǎo jiù méixì le.

下午逛了城隍庙（见附件1），是古迹，不过新建筑比老建筑多多了。我们走走停停地转了一会儿，就拐进了老居民区（见附件2）。那儿也在拼命地拆，不过玩得开心得很。

Xiàwǔ guàngle Chénghuángmiào (jiàn fùjiàn 1), shì gǔjì, búguò xīn jiànzhù bǐ lǎo jiànzhù duō duōle. Wǒmen zǒuzǒu tíngtíng de zhuànle yíhuìr, jiù guǎijìnle lǎo jūmín qū (jiàn fùjiàn 2). Nàr yě zài pīnmìng de chāi, búguò wán de kāixīn de hěn.

起得晚了，早饭还没吃就该吃晚饭了。有一条街都是大排档（见附件3）。那儿把什么吃的都穿起来烧烤（见附件4），味道真是好得不得了。

Qǐ de wǎn le, zǎofàn hái méi chī jiù gāi chī wǎnfàn le. Yǒu yì tiáo jiē dōu shì dà páidàng (jiàn fùjiàn 3). Nàr bǎ shénme chī de dōu chuān qǐlái shāokǎo (jiàn fùjiàn 4), wèidào zhēn shì hǎo de bùdéliǎo.

发件人　　　驴友<lüyou@yahoo.com>
发送时间　　2009年7月13日 17:11:43
收件人　　　beibaozu@hotmail.com
　　　　　　2 附件

今天去了过去的法租界（见附件1），上海人把那儿叫做"巴黎"，还真有点儿像巴黎。我都能想得出来你在那些商店里左看右看的样子。每个橱窗里都挂满了衣服（见附件2），有的怪里怪气，相当超前。

Jīntiān qùle guòqù de Fǎzūjiè (jiàn fùjiàn 1), Shànghǎi rén bǎ nàr jiàozuò "Bālí", hái zhēn yǒudiǎnr xiàng Bālí. Wǒ dōu néng xiǎng de chūlái nǐ zài nàxiē shāngdiàn li zuǒ kàn yòu kàn de yàngzi. Měi gè chúchuāng li dōu guàmǎnle yīfu (jiàn fùjiàn 2), yǒude guàiliguàiqì, xiāngdāng chāoqián.

第九课

发件人　　　驴友<lüyou@yahoo.com>
发送时间　　2009年7月14日 19:32:57
收件人　　　beibaozu@hotmail.com
　　　　　　2 附件

我快累死了，肚子也撑得要命，连写电邮的劲儿都没有了，只能简单地写两句。抱歉！下午还去逛了一座庙（见附件1），又去了现代画廊香格纳（见附件2），是我妈他们系的一个学生开的，挺成功的。

Wǒ kuài lèi sǐle, dùzi yě chēng de yàomìng, lián xiě diànyóu de jìnr dōu méiyǒu le, zhǐ néng jiǎndān de xiě liǎng jù. Bàoqiàn! Xiàwǔ hái qù guàngle yí zuò miào (jiàn fùjiàn 1), yòu qùle xiàndài huàláng Xiānggénà (jiàn fùjiàn 2), shì wǒ mā tāmen xì de yí gè xuésheng kāi de, tǐng chénggōng de.

发件人　　　驴友<lüyou@yahoo.com>
发送时间　　2009年7月15日 18:15:34
收件人　　　beibaozu@hotmail.com
　　　　　　2 附件

都说夏天上海气候闷热。今天有体会。很多人叫苦说太热了，受不了。但我觉得还不算糟糕。幸亏听了你的话，带了好几件背心。

Dōu shuō xiàtiān Shànghǎi qìhòu mēnrè. Jīntiān yǒu tǐhuì. Hěn duō rén jiàokǔ shuō tài rè le, shòu bu liǎo. Dàn wǒ juéde hái bú suàn zāogāo. Xìngkuī tīngle nǐ de huà, dàile hǎojǐ jiàn bèixīn.

晚上去了金茂大厦87层的酒吧（见附件1）。我们穿得太随便了，比休闲还休闲。还好酒吧黑咕隆咚的，没人看见我们穿拖鞋。要了一大杯鸡尾酒，欣赏了醉人的夜景（见附件2）。

Wǎnshang qùle Jīnmào Dàshà 87 céng de jiǔbā (jiàn fùjiàn 1). Wǒmen chuān de tài suíbiàn le, bǐ xiūxián hái xiūxián. Hái hǎo jiǔbā hēigulōngdōng de, méi rén kànjian wǒmen chuān tuōxié. Yàole yí dà bēi jīwěijiǔ, xīnshǎngle zuìrén de yèjǐng (jiàn fùjiàn 2).

发件人	驴友 <lüyou@yahoo.com>
发送时间	2009年7月16日 02:26:24
收件人	beibaozu@hotmail.com
	2 附件

早上好容易才起了床，不过很值得。我去了一趟外滩看上海人晨练（见附件1、2），拍了不少照片，估计有一、两张照得还可以。现在在旅馆办退房手续。今天晚上我们坐夜车去安徽屯溪，打算爬黄山。在上海的日子只剩下半天了，又没来得及好好逛商店。:-(

Zǎoshang hǎoróngyì cái qǐle chuáng, búguò hěn zhídé. Wǒ qùle yí tàng Wàitān kàn Shànghǎirén chénliàn (jiàn fùjiàn 1、2), pāi le bùshǎo zhàopiàn, gūjì yǒu yì、liǎng zhāng zhào de hái kěyǐ. Xiànzài zài lǚguǎn bàn tuì fáng shǒuxù. Jīntiān wǎnshang wǒmen zuò yèchē qù Ānhuī Túnxī, dǎsuàn pá Huáng Shān. Zài Shànghǎi de rìzi zhǐ shèngxià bàntiān le, yòu méi láidejí hǎohǎo guàng shāngdiàn. :-(

第九课

2.2 听录音、排照片、游黄山

Tīng lùyīn、pái zhàopiàn、yóu Huáng Shān

	1	2	3	4	5	6	7

.3　看图作文
Kàn tú zuòwén

倒霉先生游记

倒霉先生真倒霉，一上飞机就不顺利。……

ǎoméi xiānsheng zhēn dǎoméi, yí shàng fēijī jiù bú shùnlì. …

第九课

3 行程 Xíngchéng

3.1 景点：黑井
Jǐngdiǎn: Hēijǐng

黑井古镇在云南中部山区的一条江边上，被叫做"千年盐都"。过去因为黑井出好盐，而盐对古代的生活和经济很重要，这里的盐业很红火，所以黑井成了非常热闹的地方，酒店、茶馆、剧场、赌场都有。传说明朝皇帝也来过这里。现在盐业已经成为历史了，黑井不像从前那么红火了。不过，街道和民居变化不大，还是明清时代的样子。

Hēijǐng gǔzhèn zài Yúnnán zhōngbù shānqū de yì tiáo jiāng biānshang, bèi jiàozuò "qiānnián yándū". Guòqù yīnwèi Hēijǐng chū hǎo yán, ér yán duì gǔdài de shēnghuó hé jīngjì hěn zhòngyào, zhèlǐ de yányè hěn hónghuo, suǒyǐ Hēijǐng chéngle fēicháng rènao de dìfang, jiǔdiàn、cháguǎn、jùchǎng、dǔchǎng dōu yǒu. Chuánshuō Míngcháo huángdì yě láiguo zhèlǐ.

Xiànzài yányè yǐjīng chéngwéi lìshǐ le, Hēijǐng bú xiàng cóngqián nàme hónghuo le. Búguò, jiēdào hé mínjū biànhuà bú dà, háishi Míng-Qīng shídài de yàngzi.

住宿：　　　　武家大院
Zhùsù:　　　　*Wǔ jiā dàyuàn*

住在武家大院可以体验大盐商的生活。武家过去是古镇上最有势力的大盐商。大院有99间房间，是清朝的建筑。

Zhùzài Wǔ jiā dàyuàn kěyǐ tǐyàn dà yánshāng de shēnghuó. Wǔ jiā guòqù shì gǔzhèn shang zuì yǒu shìlì de dà yánshāng. Dàyuàn yǒu 99 jiān fángjiān, shì Qīngcháo de jiànzhù.

行程：　　　　上海 — 昆明 — 黑井
Xíngchéng:　　*Shànghǎi — Kūnmíng — Hēijǐng*

上海 — 昆明：7:50乘东航MU5812次航班，11:10到昆明
Shànghǎi — Kūnmíng: 7:50 chéng Dōngháng MU5812 cì hángbān, 11:10 dào Kūnmíng

昆明 — 黑井：乘7:30开往四川西昌的2648次火车，10:50到黑井
Kūnmíng — Hēijǐng: chéng 7:30 kāiwǎng Sìchuān Xīchāng de 2648 cì huǒchē, 10:50 dào Hēijǐng

黑井 — 古镇：坐小马车
Hēijǐng — gǔzhèn: zuò xiǎo mǎchē

赌场老将

第九课

3.2 选景点，定行程，做报告
Xuǎn jǐngdiǎn, dìng xíngchéng , zuò bàogào

1 查资料选云南的一个景点。
Chá zīliào xuǎn Yúnnán de yí gè jǐngdiǎn.

2 研究表格，学会网上订机票。
Yánjiū biǎogé, xuéhuì wǎng shang dìng jīpiào.

3 查机票填表。
Chá jīpiào tiánbiǎo.

出发城市 Chūfā chéngshì	航空公司 Hángkōng gōngsī
目的城市 Mùdì chéngshì	航班号 Hángbān hào
出发日期 Chūfā rìqī	全价（RMB） Quánjià
出发时间 Chūfā shíjiān	打折价（RMB） Dǎzhé jià

4 在班上做报告介绍景点和行程。
Zài bānshang zuò bàogào jièshào jǐngdiǎn hé xíngchéng.

4 写景诗　Xiě Jǐng Shī

古代诗人喜欢描写风景，表达思想感情。下面介绍三首写景诗。

Gǔdài shīrén xǐhuan miáoxiě fēngjǐng, biǎodá sīxiǎng gǎnqíng. Xiàmiàn jièshào sān shǒu xiě jǐng shī.

4.1 朗读
Lǎngdú

王之涣（688—742）　　　登鹳雀楼
Wáng Zhīhuàn　　　　　Dēng Guànquè Lóu

白日依山尽，黄河入海流。
Bái rì yī shān jìn, Huáng Hé rù hǎi liú.

欲穷千里目，更上一层楼。
Yù qióng qiān lǐ mù, gèng shàng yì céng lóu.

注释：　① 鹳雀楼在现在的山西省永济市的黄河东岸，高六层。传说常
Zhùshì:　　有鹳雀飞来，所以叫鹳雀楼。
　　　　　Guànquè Lóu zài xiànzài de Shānxī Shěng Yǒngjì Shì de Huáng Hé dōng'àn,
　　　　　gāo liù céng. Chuánshuō cháng yǒu guànquè fēilái, suǒyǐ jiào Guànquè Lóu.

　② 依：　靠着
　　　　　kàozhe

　③ 尽：　没有了
　　　　　méiyǒu le

　④ 欲：　想要
　　　　　xiǎng yào

　⑤ 穷：　用尽
　　　　　yòngjìn

　⑥ 更：　再
　　　　　zài

第九课

柳宗元 （773—819）
Liǔ Zōngyuán

江雪
Jiāng xuě

千山鸟飞绝，万径人踪灭。
Qiān shān niǎo fēi jué, wàn jìng rén zōng miè.

孤舟蓑笠翁，独钓寒江雪。
Gū zhōu suō lì wēng, dú diào hán jiāng xuě.

注释：　① 这首诗是诗人中年在永州（现在的湖南省零陵）生活的时候写的。
Zhùshì:　　Zhè shǒu shī shì shīrén zhōngnián zài Yǒngzhōu (xiànzài de Húnán Shěng Línglíng)
shēnghuó de shíhou xiě de.

　② 绝：　都没有了
　　　　　dōu méiyǒu le

　③ 径：　路
　　　　　lù

　④ 踪：　踪迹
　　　　　zōngjì

　⑤ 孤：　孤单
　　　　　gūdān

　⑥ 舟：　船
　　　　　chuán

　⑦ 蓑笠：防雨雪用的衣帽
　　　　　fáng yǔxuě yòng de yīmào

　⑧ 翁：　老年男人
　　　　　lǎonián nánrén

李白 （701—762）　独坐敬亭山
Lǐ Bái　　　　　　　Dú zuò Jìngtíng Shān

众鸟高飞尽，孤云独去闲。
Zhòng niǎo gāo fēi jìn, gū yún dú qù xián.

相看两不厌，只有敬亭山。
Xiāng kàn liǎng bú yàn, zhǐ yǒu Jìngtíng Shān.

注释：　①　独：　独自，一个人
Zhùshì:　　　　　dúzì, yí gè rén

②　敬亭山在现在的安徽省宣城市，753年秋天，诗人游敬亭山写了这首诗。
Jìngtíng Shān zài xiànzài de Ānhuī Shěng Xuānchéng Shì, 753 nián qiūtiān, shīrén yóu Jìngtíng Shān xiěle zhè shǒu shī.

③　众：　许多
xǔduō

④　闲：　悠闲
yōuxián

⑤　相：　互相
hùxiāng

⑥　厌：　够了
gòu le

4.2　翻译
Fānyì

选一首诗翻译成德语。
Xuǎn yì shǒu shī fānyì chéng Déyǔ.

第九课

练习
Liànxí

1A 构词 **Gòucí**

程	口	一	写	公	马	说	固	旅	人	道
chéng	kǒu	yī	xiě	gōng	mǎ	shuō	gù	lǚ	rén	dào
线	决	力	走	李	打	稳	政	上	诊	不
xiàn	jué	lì	zǒu	li	dǎ	wěn	zhèng	shang	zhěn	bù

行　　旅行　行李
xíng

定
dìng

路
lù

听
tīng

1B 用"是……的"强调　**Yòng "shì ... de" qiángdiào**

例句：我喜欢搭帐篷。　　　　我是喜欢搭帐篷的。
　　　Wǒ xǐhuan dā zhàngpeng.　　Wǒ shì xǐhuan dā zhàngpeng de.

1　　他不会不带护照。
　　　Tā bú huì bú dài hùzhào.

2　旅馆的问题可以解决。
Lǚguǎn de wèntí kěyǐ jiějué.

3　旅游的时候我不买礼物。
Lǚyóu de shíhou wǒ bù mǎi lǐwù.

4　旅行社的这种安排不会受欢迎。
Lǚxíngshè de zhè zhǒng ānpái bú huì shòu huānyíng.

5　预防针要打，要不有传染的危险。
Yùfángzhēn yào dǎ, yàobù yǒu chuánrǎn de wēixiǎn.

6　旅游指南一定编不好，因为编写的人没有去过那些地方。
Lǚyóu zhǐnán yídìng biān bù hǎo, yīnwèi biānxiě de rén méiyǒu qùguo nàxiē dìfang.

1C　加连词　Jiā liáncí

因为……所以　　如果/要是……就　　尽管……还是/也　　虽然……但是
yīnwèi … suǒyǐ　　rúguǒ/yàoshi … jiù　　jǐnguǎn … háishi/yě　　suīrán … dànshì

例句：　想爬山爬山。　　　　　　如果想爬山就爬山。
Lìjù:　Xiǎng pá shān pá shān.　　Rúguǒ xiǎng pá shān jiù pá shān.

1　我怕头晕没坐船。
Wǒ pà tóu yūn méi zuò chuán.

2　他是导游不认识路。
Tā shì dǎoyóu bú rènshi lù.

3　没睡袋也不住旅馆。
Méi shuìdài yě bú zhù lǚguǎn.

4　怕累你别当背包族啊！
Pà lèi nǐ bié dāng bēibāozú a!

5　有危险也不怕。
Yǒu wēixiǎn yě bú pà.

6　没带照片没办成签证。
Méi dài zhàopiàn méi bànchéng qiānzhèng.

7　自己出去玩，很自由，高兴了多走走，累了休息休息。
Zìjǐ chūqù wán, hěn zìyóu, gāoxìng le duō zǒuzou, lèi le xiūxi xiūxi.

8　不爬山不知道山高。
Bù pá shān bù zhīdào shān gāo.

2

2A 找不同　**Zhǎo bùtóng**

例子：	值得	合算	便宜	~~方便~~
Lìzi:	zhídé	hésuàn	piányi	fāngbiàn
1	开心	轻松	快乐	高兴
	kāixīn	qīngsōng	kuàilè	gāoxìng
2	死了	不得了	拼命	要命
	sǐle	bùdéliǎo	pīnmìng	yàomìng
3	准备	打算	估计	想
	zhǔnbèi	dǎsuàn	gūjì	xiǎng
4	庙	橱窗	大厦	旅馆
	miào	chúchuāng	dàshà	lǚguǎn
5	绑架	凶杀	抢劫	犯罪
	bǎngjià	xiōngshā	qiǎngjié	fànzuì

2B 用"谁、什么、哪儿……都"翻译
Yòng "shéi、shénme、nǎr … dōu" fānyì

1　Jedermann kann eine Flugkarte im Internet bestellen.
2　Ferien so billig wie nie und niemand verreist!
3　Heute kommt man überall mit dem Handy ins Internet.
4　Ich lasse mir alles vom Reisebüro organisieren.
5　In einer Woche geht sie nach China, aber sie hat noch nichts vorbereitet.
6　Es ist nirgendwo besser als zu Hause.

第九课

2C 填上"的、得、地" **Tiánshàng "de、de、de"**

1 火车走 _____ 很准时。
Huǒchē zǒu hěn zhǔnshí.

2 他手机不停 _____ 响。
Tā shǒujī bù tíng xiǎng.

3 今天爬山爬 _____ 很累。
Jīntiān pá shān pá hěn lèi.

4 这次旅行 _____ 签证办 _____ 很顺利。
Zhè cì lǚxíng qiānzhèng bàn hěn shùnlì.

6 热情 _____ 欢迎你们来这儿参观访问。
Rèqíng huānyíng nǐmen lái zhèr cānguān fǎngwèn.

7 这位游客 _____ 行李没到，也不知道还找 _____ 到找不到。
Zhè wèi yóukè xíngli méi dào, yě bù zhīdào hái zhǎo dào zhǎo bu dào.

8 导游简单 _____ 讲了一点儿应该注意 _____ 事。
Dǎoyóu jiǎndān jiǎngle yìdiǎnr yīnggāi zhùyì shì.

3

3A 构词 **Gòucí**

放	自助	超	览	闷	情	边	情	恶	旅	关
fàng	zìzhù	chāo	lǎn	mēn	qíng	bian	qíng	ě	lǚ	guān
提	记	开	以	客	导	闹	排	担	中	泳
tí	jì	kāi	yǐ	kè	dǎo	nào	pái	dān	zhōng	yǒng

游　　旅游　　游客
yóu

热
rè

心
xīn

前
qián

B 构词 **Gòucí**

zhi 只直知指纸支值址汁治置职质枝之织

荔枝	业	地	政	是	布
lì	yè	dì	zhèng	shì	bù
分	出	橘子	组	量	报
fēn	chū	júzi	zǔ	liàng	bào
辖	道	得	手		
xiá	dào	dé	shǒu		

C 选词填空 **Xuǎn cí tiánkòng**

又	而	幸亏	不过	是否	尽管
yòu	ér	xìngkuī	búguò	shìfǒu	jǐnguǎn

1 住宿 ＿＿＿＿＿＿ 带早点，我无所谓。
Zhùsù　　　　dài zǎodiǎn, wǒ wúsuǒwèi.

2 这次旅游快结束了。我 ＿＿＿＿＿＿ 得去上课了。
Zhè cì lǚyóu kuài jiéshù le. Wǒ　　　　děi qù shàngkè le.

3 听说那儿有人被绑架了，＿＿＿＿＿＿ 我没去。
Tīngshuō nàr yǒu rén bèi bǎngjià le,　　　　wǒ méi qù.

4 喜欢自己旅游 ＿＿＿＿＿＿ 不提前做好准备，当然要倒霉。
Xǐhuan zìjǐ lǚyóu　　　　bù tíqián zuòhǎo zhǔnbèi, dāngrán yào dǎoméi.

5 自己旅游 ＿＿＿＿＿＿ 比参加团队省钱，很难说。
Zìjǐ lǚyóu　　　　bǐ cānjiā tuánduì shěng qián, hěn nánshuō.

6 倒霉先生的旅游 ＿＿＿＿＿＿ 很糟糕，他还是很满意。
Dǎoméi xiānsheng de lǚyóu　　　　hěn zāogāo, tā háishi hěn mǎnyì.

7 今天天气不太好，＿＿＿＿＿＿ 玩得还是很开心。
Jīntiān tiānqì bú tài hǎo,　　　　wán de háishi hěn kāixīn.

8 老人不愿意冒险，＿＿＿＿＿＿ 团队比较安全，所以参加团队旅游。
Lǎorén bú yuànyì màoxiǎn,　　　　tuánduì bǐjiào ānquán, suǒyǐ cānjiā tuánduì lǚyóu.

9 我＿＿＿＿＿＿ 把背包丢了，＿＿＿＿＿＿ 这次包里只有脏衣服和臭袜子。
Wǒ　　　　bǎ bēibāo diū le,　　　　zhè cì bāo li zhǐ yǒu zāng yīfu hé chòu wàzi.

第九课

3D 选词填空 Xuǎn cí tiánkòng

主要	本来	正好	一定	从前	根本
zhǔyào	běnlái	zhènghǎo	yídìng	cóngqián	gēnběn

1 我想去香港，_____ 这家航空公司飞机票打折。
Wǒ xiǎng qù Xiānggǎng, zhè jiā hángkōng gōngsī fēijīpiào dǎzhé.

2 我下个月去黄山，_____ 是想照几张松树的照片。
Wǒ xià gè yuè qù Huáng Shān, shì xiǎng zhào jǐ zhāng sōngshù de zhàopiàn.

3 _____ 想爬到山顶，太累了，还是坐缆车上去的。
xiǎng pádào shāndǐng, tái lèi le, háishi zuò lǎnchē shàngqù de.

4 黑井的民居和街道跟_____ 差不多。
Hēijǐng de mínjū hé jiēdào gēn chàbuduō.

5 这些游客_____ 要在每个景点照相。
Zhè xiē yóukè yào zài měi gè jǐngdiǎn zhàoxiàng.

6 他们去金茂大厦酒吧_____ 是为了欣赏夜景。
Tāmen qù Jīnmào Dàshà jiǔbā shì wèile xīnshǎng yèjǐng.

7 你_____ 不用担心，我_____ 注意安全。
Nǐ bú yòng dānxīn, wǒ zhùyì ānquán.

8 那个人抢了钱包要走的时候，_____ 警察来了。
Nàge rén qiǎngle qiánbāo yào zǒu de shíhou, jǐngchá lái le.

9 这些衣服怪里怪气，我_____ 不想买。
Zhè xiē yīfu guàiliguàiqì, wǒ bù xiǎng mǎi.

10 在家里睡懒觉_____ 是度假最好的方式。
Zài jiāli shuì lǎn jiào shì dùjià zuì hǎo de fāngshì.

11 出去度假_____ 是写一大堆明信片，现在只要发个电邮就行了。
Chūqù dùjià shì xiě yí dà duī míngxìnpiàn, xiànzài zhǐyào fā gè diànyóu jiù xíng le.

12 今天到海边，_____ 要带防晒油。
Jīntiān dào hǎibiān, yào dài fángshàiyóu.

3E 语言实习 Yǔyán shíxí

到校外逛本地景点走走聊聊。
Dào xiàowài guàng běndì jǐngdiǎn zǒuzou liáoliao.

4

4A 找不同 Zhǎo bùtóng

例子： 登 上 爬 飞
Lìzi: dēng shàng pá fēi ~~飞~~

1	风景 fēngjǐng	古迹 gǔjì	古镇 gǔzhèn	名胜 míngshèng
2	县 xiàn	省 shěng	租界 zūjiè	市 shì
3	啪嚓 pāchā	哎呀 āiyā	嘻嘻 xīxī	哗哗 huāhuā
4	唐朝 Tángcháo	宋朝 Sòngcháo	明朝 Míngcháo	南北朝 Nán–Běi cháo

4B 搭配动词 Dāpèi dòngcí

研究 逛 灭 靠 祝 值得 体会 组织 搭 打听 欣赏
yánjiū guàng miè kào zhù zhídé tǐhuì zǔzhī dā dǎting xīnshǎng

_____ 参观   _____ 气候   _____ 蒙古包
       cānguān   qìhòu   měnggǔbāo

_____ 幸福   _____ 书店   _____ 身体好
       xìngfú   shūdiàn   shēntǐ hǎo

_____ 火   _____ 音乐   _____ 墙
       huǒ   yīnyuè   qiáng

_____ 活动   _____ 路
       huódòng   lù

第九课

4C 阅读并翻译 Yuèdú bìng fānyì

《八十天环游地球》简介

《八十天环游地球》是儒勒·凡尔纳一部非常有名的科学幻想小说。英国人福克先生和朋友在伦敦打赌，要在80天内环游地球一圈回到伦敦。如果做不到，他就得给人两万英镑。福克先生和仆人路路通的旅行经过了地中海、红海、印度洋、太平洋、大西洋，到过印度、新加坡、中国、日本、美国等地方。一路上冒了很多险，吃了很多苦。而且当时英格兰银行发生了犯罪案件，一大笔钱不见了。警察费克斯认为是福克做的案，一直跟着他们，带来了不少麻烦。环游地球一圈快要回到伦敦时，这个警察把福克带到了警察局。虽然最后弄清楚了他没有犯罪，但是到伦敦的时候晚了五分钟。他们非常失望。幸亏路路通发现其实没有晚。因为他们是从西往东环游地球的，时差帮助了他们，省出了一天的时间。最后福克和被他救出的印度美女幸福地结了婚。

下边是路路通刚到香港时的一段，请你试试翻译。

Jules Verne: In 80 Tagen um die Welt
19. Kapitel (Auszug)

Die Hände in den Hosentaschen, schlenderte Passepartout zum Victoria-Hafen und bestaunte die Sänften, die im Reich der Mitte immer noch beliebten Segelkarren und das in den Straßen herrschende bunte Gewimmel aus Chinesen, Japanern und Europäern. Von ganz wenigen Ausnahmen abgesehen glaubte der gute Bursche, durch Bombay, Kalkutta oder Singapur zu schlendern. Britische Städte ziehen sich ja wie eine Kette um den gesamten Globus.
Passepartout erreichte den Hafen. Dort, an der Mündung des Kanton, wimmelte es von Schiffer aller Herren Länder: England, Frankreich, Amerika, Holland, Kriegsschiffe und Handelsschiffe japanische und chinesische Boote, Dschunken und Sampans, Tankas und sogar Blumenboote, die wie schwimmende Beete aussahen. Während er durch die Menge streifte, bemerkte Passepartout ein paar gelb gewandete Chinesen, die alle hochbetagt wirkten. Als er sich in einem Barbierladen „nach chinesischer Façon" rasieren lassen wollte, erfuhr er von dem Figaro, der recht gut Englisch sprach, dass diese Greise schon mindestens 80 Jahre alt waren und darum das Privileg genossen Gelb zu tragen, die Farbe des Kaisers. Passepartout fand das sehr lustig, ohne eigentlich recht zu wissen warum. …

..2

(28) **Junktion ohne Bindewort** 紧缩复句
Im Chinesischen werden Teilsätze häufig ohne Bindewort miteinander verbunden. Die Bedeutung der Junktion ist nur aus dem Kontext ersichtlich.

想爬山爬山。 如果想爬山就爬山。
Xiǎng pá shān pá shān. Rúguǒ xiǎng pá shān jiù pá shān.

..3

(211) **Sätze mit "shì ... de" (2)** "是……的"句（二）
Die "shì ... de" – Klammer unterstreicht hier die Subjektivität der Sprecheraussage.

我是喜欢搭帐篷的。
Wǒ shì xǐhuan dā zhàngpeng de.

我是不要搭帐篷的。
Wǒ shì bú yào dā zhàngpeng de.

2

2.1

(71)　**Deskriptive Adverbialbestimmungen**　描写性状语

Die Adverbialbestimmung beschreibt die Art und Weise der Handlung oder des Geschehens. Sie kann mit der Partikel "de 地" gekennzeichnet sein.

我们走走停停地转了一会儿。
Wǒmen zǒuzǒu tíngtíng de zhuànle yíhuìr.

我没来得及好好逛商店。
Wǒ méi láidejí hǎohǎo guàng shāngdiàn.

(80)　**Gradkomplemente**　程度补语

Die Komplemente "hěn, bùdéliǎo, sǐle, yàomìng" stehen nach einem Adjektivprädikat oder nach einem Gefühlsverb und zeigen Intensität an.

不过我们玩得开心得很。
Búguò wǒmen wán de kāixīn de hěn.

味道真是好得不得了。
Wèidào zhēn shì hǎo de bùdéliǎo.

我快累死了，肚子也撑得要命
Wǒ kuài lèi sǐle, dùzi yě chēng de yàomìng.

(132)　**Die indefinite Verwendung der Fragepronomen**　疑问代词的任指用法

Fragepronomen im Aussagesatz, in der Regel mit den Adverbien "dōu/yě" kombiniert, erhalten eine indefinite Bedeutung. Vergleiche dazu die deutschen Indefinitpronomen "jedermann, alles, überall …".

那儿把什么吃的都穿起来烧烤。
Nàr bǎ shénme chī de dōu chuān qǐlái shāokǎo.

Besondere Adjektive 特殊结构的形容词

Eine besondere Gruppe von Adjektiven ist aus festen Wendungen (guàiliguàiqì) entstanden oder besteht aus einem Basiswort mit Suffix (hēigulōngdōng). Sie dürfen nicht mit einen Gradadverb modifiziert werden, da sie bereits erhöhte Intensität ausdrücken. In der Funktion des Prädikats oder Komplements kann ihnen die Partikel "de 的" nachgestellt sein.

(135)

乱七八糟买了一大堆。
Luànqībāzāo mǎile yí dà duī.

有的怪里怪气。
Yǒude guàiliguàiqì.

酒吧黑咕隆咚的。
Jiǔbā hēigulōngdōng de.

第九课

生词
Shēngcí

1

C	lǚyóu	(V)	旅游	Tourismus

1.1

X	tuánduì	(N)	团队	Gruppe
B	míngxìnpiàn	(N)	明信片	Postkarte
B	shùnlì	(Adj)	顺利	reibungslos
X	lǚxíngshè	(N)	旅行社	Reisebüro
A	jǐn	(Adj)	紧	straff, dicht
A	zhàoxiàng	(V+O)	照相	fotografieren
D	dǎoyóu	(N/V)	导游	Touristenführer, Reiseführer
B	lǐng	(V)	领	führen
D	luànqībāzāo	(Adj)	乱七八糟	durcheinander
C	duī	(N/ZEW)	堆	Haufen
A	zhù	(V)	祝	wünschen
B	lùshang	(N)	路上	auf dem Weg
A	zǔzhī	(V/N)	组织	organisieren; Organisation
A	zěnyàng	(Pron)	怎样	wie
C	cānkǎo	(V)	参考	zu Rate ziehen, vergleichen

1.2

D	yóukè	(N)	游客	Tourist, –in
X	dùjià	(V+O)	度假	Ferien verbringen
A	lǚxíng	(V)	旅行	reisen
B	dìng	(V)	定	festlegen

D	xíngchéng	(N)	行程	Reiseroute
A	liǎojiě	(V)	了解	Bescheid wissen, sich informieren
B	dāngdì	(N)	当地	lokal
X	jǐngdiǎn	(N)	景点	Touristenattraktion
B	qìhòu	(N)	气候	Klima
B	dìng	(V)	订	buchen
X	jīpiào	(N)	机票	Flugkarte
B	lǚguǎn	(N)	旅馆	Hotel
D	qiānzhèng	(N)	签证	Visum
B	dǎting	(V)	打听	sich erkundigen
X	yùfángzhēn	(N)	预防针	Impfung
B	kěpà	(Adj)	可怕	beängstigend
B	rú	(V)	如	wie
D	bǎngjià	(V)	绑架	entführen
X	xiōngshā	(V)	凶杀	morden
D	qiǎngjié	(V)	抢劫	rauben
C	fànzuì	(V+O)	犯罪	ein Verbrechen begehen
D	ànjiàn	(N)	案件	Fall
A	bùfen	(N)	部分	Teil
A	jīngyàn	(N)	经验	Erfahrung
X	wǎngyǒu	(N)	网友	Internetfreund
A	yídìng	(Adj)	一定	bestimmt
B	kào	(V)	靠	sich anlehnen, angewiesen sein
B	shěng	(V)	省	sparen
A	zhǔyào	(Adj)	主要	wesentlich, hauptsächlich
A	pá	(V)	爬	kriechen, klettern
A	chuán	(N)	船	Schiff
A	gǎibiàn	(V/N)	改变	ändern
C	dǎ zhāohu	(V+O)	打招呼	Bescheid geben
X	bēibāozú	(N)	背包族	Rucksacktouristen
B	dā	(V)	搭	aufstellen
X	zhàngpeng	(N)	帐篷	Zelt
X	shuìdài	(N)	睡袋	Schlafsack

X	chuījù	(N)	炊具	Kochgeschirr
C	duì … lái shuō		对……来说	was …betrifft
B	qīngsōng	(Adj)	轻松	unbelastet
D	màoxiǎn	(V+O)	冒险	riskieren
C	chīkǔ	(V+O)	吃苦	durchmachen, leiden

1.3

C	lú	(N)	驴	Esel
A	nàyàng	(Pro)	那样	so
B	bēi	(V)	背	auf dem Rücken tragen
X	bēibāo	(N)	背包	Rucksack
X	zìzhùyóu	(N)	自助游	Individualtourismus
B	zhǐshì	(Adv)	只是	nur, einzig und allein
B	yóulǎn	(V)	游览	besichtigen
B	xiǎngfǎ	(N)	想法	Vorstellung
B	zhènghǎo	(Adj/Adv)	正好	genau, ausgerechnet
B	xiāngfǎn	(Adj)	相反	gegenteilig
B	jǐnguǎn	(Konj)	尽管	wenn auch, obwohl
X	hǎibiān	(N)	海边	am Meer
C	huáxuě	(V+O)	滑雪	skifahren

1.4

B	xiàmiàn	(N)	下面	unten
X	mùdìdì	(N)	目的地	Reiseziel
B	bǔchōng	(V)	补充	ergänzen

2

2.1

C	yóu	(V)	游	bereisen
X	fùjiàn	(N)	附件	Anhang

第九课

X	cíxuánfú	(N)	磁悬浮	Maglev
X	shàngjiē	(V+O)	上街	rausgehen
B	zhuànquān	(V+O)	转圈	eine Runde drehen
B	běnlái	(Adj/Adv)	本来	eigentlich
B	xǐng	(V)	醒	aufwachen
B	shǎ	(Adj)	傻	dumm, perplex
X	shíchā	(N)	时差	Zeitunterschied
X	nàozhōng	(N)	闹钟	Wecker
B	gēnběn	(Adv/Adj)	根本	grundsätzlich
A	jiéguǒ	(N)	结果	Resultat
B	jítǐ	(N)	集体	Kollektiv
B	lǎn	(Adj)	懒	faul
X	méixì	(V+O)	没戏	hoffnungslos
B	guàng	(V)	逛	bummeln
X	chénghuángmiào	(N)	城隍庙	Tempel des Stadtgottes
B	gǔjì	(N)	古迹	historische Sehenswürdigkeit
A	de	(Part)	地	(kennzeichnet deskriptive Adverbialbestimmung)
B	pīnmìng	(V+O)	拼命	unter Einsatz seines Lebens, auf Teufel komm raus
D	kāixīn	(Adj)	开心	vergnügt
A	de hěn		得很	sehr
A	gāi	(MV)	该	sollen
A	jiē	(N)	街	Strasse
X	páidàng	(N)	排档	Verkaufsstand
C	chuān	(V)	穿	durchstechen, (hier) aufspiessen
X	shāokǎo	(V)	烧烤	grillen
B	bùdéliǎo	(Adj)	不得了	extrem
A	guòqù	(N)	过去	Vergangenheit
X	Fǎzūjiè	(EN)	法租界	französische Konzession
A	dōu	(Adv)	都	sogar
X	chúchuāng	(N)	橱窗	Schaufenster
A	mǎn	(Adj/V)	满	voll, voll machen

X	guàiliguàiqì	(Adj)	怪里怪气	ausgefallen
B	xiāngdāng	(Adv)	相当	ziemlich
X	chāoqián	(Adj)	超前	avantgardistisch
D	chēng	(V)	撑	voll stopfen
D	yàomìng	(V+O)	要命	ans Leben gehen, schrecklich
B	jìnr	(N)	劲儿	Kraft, Energie
B	bàoqiàn	(Adj)	抱歉	es bedauern, Leid tun
B	miào	(N)	庙	Tempel
X	huàláng	(N)	画廊	Gallerie
A	xì	(N)	系	Abteilung
B	chénggōng	(V/Adj)	成功	gelingen; erfolgreich
X	mēnrè	(Adj)	闷热	schwül
B	tǐhuì	(V/N)	体会	persönlich erfahren, sich einfühlen
X	jiàokǔ	(V+O)	叫苦	jammern
A	suàn	(V)	算	gelten
B	zāogāo	(Adj)	糟糕	miserabel
C	xìngkuī	(Adv)	幸亏	glücklicherweise
D	dàshà	(N)	大厦	grosses Gebäude, Hochhaus
X	jiǔbā	(N)	酒吧	Bar
X	hēigulōngdōng	(Adj)	黑咕隆咚	stockdunkel
X	jīwěijiǔ	(N)	鸡尾酒	Cocktail
C	xīnshǎng	(V)	欣赏	geniessen
X	zuìrén	(V)	醉人	berauschend
X	yèjǐng	(N)	夜景	nächtliche Szenerie
B	zhídé	(V)	值得	sich lohnen
B	tàng	(ZEW)	趟	(ZEW für Gang, Fahrt)
X	chénliàn	(N)	晨练	Morgenturnen
A	pāi	(V)	拍	(Foto) machen, (Film) drehen
B	gūjì	(V/N)	估计	schätzen
B	zhào	(V)	照	fotografieren
B	kěyǐ	(Adj)	可以	passabel
A	tuì	(V)	退	zurückgeben
B	shǒuxù	(N)	手续	Formalitäten

第九课

X	yèchē	(N)	夜车	Nachtzug
A	dǎsuàn	(V/N)	打算	beabsichtigen
A	rìzi	(N)	日子	Tage, Zeit
A	shèng	(V)	剩	übrigbleiben
A	bàntiān	(N)	半天	halber Tag, halbtags
B	láidejí		来得及	noch Zeit haben, etw. noch schaffen

2.2

B	pái	(V)	排	ordnen
B	tiāo	(V)	挑	an der Schulterstange tragen
B	diào	(V)	吊	hängen, herabhängen
A	qiáo	(N)	桥	Brücke
X	tiěliàn	(N)	铁链	Eisenkette
C	dǒu	(Adj)	陡	steil
X	tīzi	(N)	梯子	Leiter
A	yún	(N)	云	Wolke
B	dǐng	(N)	顶	Gipfel
B	shítou	(N)	石头	Stein
B	xiū	(V)	修	reparieren, bauen
C	sōngshù	(N)	松树	Kiefer
B	wù	(N)	雾	Nebel
B	fú	(ZEW)	幅	(ZEW für Bild)
D	shānshuǐ	(N)	山水	Landschaft
X	lǎnchē	(N)	缆车	Seilbahn

2.3

B	zuòwén	(V+O/N)	作文	Text schreiben; Aufsatz
C	dǎoméi	(V+O)	倒霉	Pech haben
X	yóujì	(N)	游记	Reisebericht
X	wā	(Ono)	哇	uahh
A	diū	(V)	丢	verlieren
X	pāchā	(Ono)	啪嚓	platsch

A	diào	(V)	掉	herunterfallen
B	shūshu	(N)	叔叔	Onkel (Anrede)
X	xīxī	(Ono)	嘻嘻	hihi
B	tōu	(V)	偷	stehlen
A	gōngchǎng	(N)	工厂	Fabrik
B	lājī	(N)	垃圾	Abfall
D	shātān	(N)	沙滩	Sandstrand
B	gǎn	(V)	赶	(Verkehrsmittel) erreichen

3

3.1

X	gǔzhèn	(N)	古镇	alte Marktstadt
B	shānqū	(N)	山区	Berggebiet
B	jiàozuò	(V)	叫做	bezeichnen als
B	ér	(Konj)	而	und
A	zhèlǐ	(Pro)	这里	hier
X	yányè	(N)	盐业	Salzgewerbe
X	hónghuo	(Adj)	红火	florierend
B	rènao	(Adj)	热闹	betriebsam, buntes und lautes Treiben
C	jiǔdiàn	(N)	酒店	Weinhaus
C	cháguǎn	(N)	茶馆	Teehaus
B	jùchǎng	(N)	剧场	Theater
X	dǔchǎng	(N)	赌场	Kasino
C	chuánshuō	(V/N)	传说	es wird überliefert; Überlieferung
B	chéngwéi	(V)	成为	werden zu
A	lìshǐ	(N)	历史	Geschichte
A	cóngqián	(N)	从前	einst
B	jiēdào	(N)	街道	Strasse
X	zhùsù	(V)	住宿	übernachten
D	tǐyàn	(V)	体验	selbst erfahren

第九课

X	yánshāng	(N)	盐商	Salzhändler
C	shìlì	(N)	势力	Einfluss
X	Dōngháng	(EN)	东航	(Abk. von 东方航空公司) China Eastern
X	cì	(N)	次	Zugnummer
D	mǎchē	(N)	马车	Pferdewagen

3.2

B	bàogào	(N/V)	报告	Vortrag
B	zīliào	(N)	资料	Materialien, Daten
A	yánjiū	(V)	研究	forschen, studieren
X	biǎogé	(N)	表格	Tabelle, Formular
B	hángkōng	(N)	航空	Luftfahrt
B	mùdì	(N)	目的	Ziel
D	hángbān	(N)	航班	fahrplanmässiger Flug
A	rìqī	(N)	日期	Datum
X	dǎzhé	(V)	打折	Rabatt geben
A	bān	(N)	班	Klasse

4

X	xiě jǐng	(V+O)	写景	die Landschaft beschreiben
B	shī	(N)	诗	Gedicht
C	shīrén	(N)	诗人	Dichter
B	miáoxiě	(V)	描写	beschreiben
B	fēngjǐng	(N)	风景	Landschaft, Aussicht
B	biǎodá	(V)	表达	ausdrücken
A	sīxiǎng	(N)	思想	Gedanke, Idee
A	gǎnqíng	(N)	感情	Gefühl
B	shǒu	(ZEW)	首	(ZEW für Gedicht, Lied)

4.1

B	lǎngdú	(V)	朗读	rezitieren, vorlesen

B	dēng	(V)	登	besteigen
X	guànquè	(N)	鹳雀	Storch
A	lǐ	(ZEW)	里	Meile
D	zhùshì	(V/N)	注释	anmerken; Anmerkung
B	dōng'àn	(N)	东岸	Ostufer
A	fēi	(V)	飞	fliegen
X	yòngjìn	(V+K)	用尽	erschöpfen
B	miè	(V)	灭	auslöschen
B	diào	(V)	钓	angeln
C	zhōngnián	(N)	中年	mittleres Lebensalter
D	zōngjì	(N)	踪迹	Spur
D	gūdān	(Adj)	孤单	einsam
B	fáng	(V)	防	sich schützen
C	dúzì	(Adv)	独自	allein
A	xǔduō	(Adj)	许多	viel
X	yōuxián	(Adj)	悠闲	beschaulich

第九课

第十课

1 理想职业 Lǐxiǎng Zhíyè

1.1 小学生的理想
Xiǎoxuéshēng de lǐxiǎng

北京松榆小学
三(3)班 金田

爸爸职业：工人
妈妈职业：工人

我的理想

　　我的理想是长大当一名女医生。因为我觉得医生很伟大，他可以为生病的人治病。让他们重新回到健康，过上快乐的生活。

　　我现在是一名小学生，要实现我的理想，就应该学好文化知识，上课好好听讲。认真完成作业，这样我的理想就会实现了。

姓名：金田

学校：北京市朝阳区松榆里小学　三年级(3)班

年龄：8岁

爸爸：工人

妈妈：工人

Wǒ de lǐxiǎng

Wǒ de lǐxiǎng shì zhǎngdà dāng yì míng nǚyīshēng. Yīnwèi wǒ juéde yīshēng hěn wěidà, tā kěyǐ wèi shēngbìng de rén zhìbìng. Ràng tāmen chóngxīn huídào jiànkāng, guòshàng kuàilè de shēnghuó.

Wǒ xiànzài shì yì míng xiǎoxuéshēng, yào shíxiàn wǒ de lǐxiǎng, jiù yīnggāi xuéhǎo wénhuà zhīshi, shàngkè hǎohǎo tīngjiǎng. Rènzhēn wánchéng zuòyè, zhèyàng wǒ de lǐxiǎng jiù huì shíxiàn le.

Xìngmíng: Jīn Tián

Xuéxiào: Běijīng Shì Cháoyáng Qū Sōngyúlǐ Xiǎoxué sān niánjí (3) bān

Niánlíng: 8 suì

Bàba: gōngrén

Māma: gōngrén

Wǒ de lǐxiǎng

Wǒ de lǐxiǎng shì zhǎngdà dāng lǎoshī. Wǒ xiǎng jiāogěi tóngxuémen hěn duō zhīshi, xiàng wǒmen de lǎoshī yíyàng, bǎ xuésheng péiyǎng chéng yǒuyòng de rén. Lǎoshī jiù xiàng bàba māma yíyàng nàixīn de jiàoyù wǒmen, guānxīn wǒmen. Wǒmen yì tiān yì tiān de zhǎngdà le, lǎoshī yì tiān bǐ yì tiān de lǎo le. Wǒ ài wǒmen de lǎoshī, suǒyǐ wǒ zhǎngdà le xiǎng dāng yì míng hǎo lǎoshī.

Xìngmíng: Shí Guāng, nán

Xuéxiào: Běijīng Shì Cháoyáng Qū Sōngyúlǐ Xiǎoxué sān niánjí 2 bān

Niánlíng: 9 suì

Bàba: shēngchǎn diàodù

Māma: diàoyuán

石光   第 页共 页

我的理想

　　我的理想是长大当老师，我想教给同学们很多知识，像我们的老师一样，把学生阎炼成有用的人。老师就像爸爸妈妈一样用心地教育我们，关心我们。我们一天一天地长大了，老师一天比一天地老了，我爱我们的老师，所以我长大了想当一名好老师。

姓名：石光 　　 男

学校：北京市朝阳区松榆里小学 　 三年级2班

年龄：9岁

爸爸：生产调度

妈妈：打字员

1.2　说理想
Shuō lǐxiǎng

1　你小时候梦想过当什么？
Nǐ xiǎo shíhou mèngxiǎngguo dāng shénme?

2　现在你有什么理想，想找什么样的工作？
Xiànzài nǐ yǒu shénme lǐxiǎng, xiǎng zhǎo shénme yàng de gōngzuò?

3　实现你的理想要有什么条件，要有什么学历？
Shíxiàn nǐ de lǐxiǎng yào yǒu shénme tiáojiàn, yào yǒu shénme xuélì?

4　社会上认为哪些工作最理想？
Shèhuì shang rènwéi nǎxiē gōngzuò zuì lǐxiǎng?

第十课

2 中国教育制度 Zhōngguó Jiàoyù Zhìdù

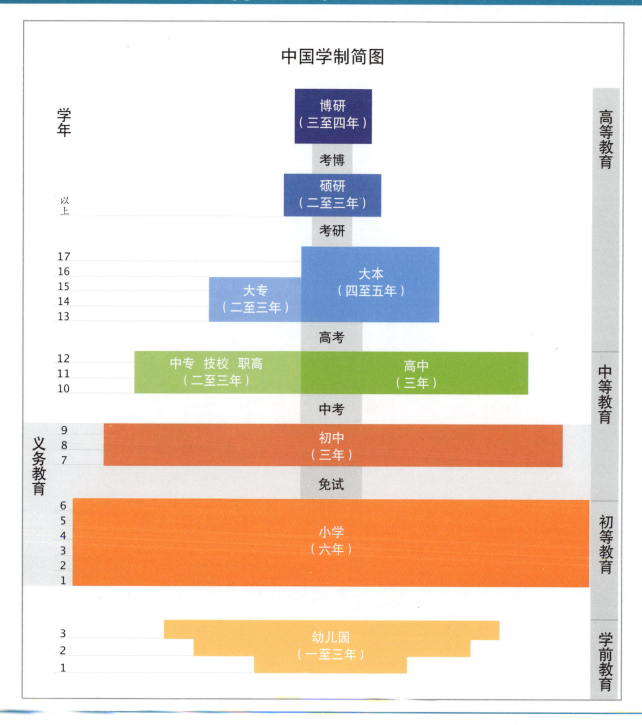

中国学制简图

学年

2.1 熟悉教育制度用语
Shúxī jiàoyù zhìdù yòngyǔ

初级中学简称初中 。
Chūjí zhōngxué jiǎnchēng chūzhōng.

高级中学简称 ＿＿＿＿＿＿＿＿＿＿ 。
Gāojí zhōngxué jiǎnchēng

技工学校简称 ＿＿＿＿＿＿＿＿＿＿ 。
Jìgōng xuéxiào jiǎnchēng

职业高级中学简称 ＿＿＿＿＿＿＿＿＿＿ 。
Zhíyè gāojí zhōngxué jiǎnchēng

中等专科学校简称 ＿＿＿＿＿＿＿＿＿＿ 。
Zhōngděng zhuānkē xuéxiào jiǎnchēng

大学本科简称 ＿＿＿＿＿＿＿＿＿＿ 。
Dàxué běnkē jiǎnchēng

大学专科简称 ＿＿＿＿＿＿＿＿＿＿ 。
Dàxué zhuānkē jiǎnchēng

硕士研究生简称 ＿＿＿＿＿＿＿＿＿＿ 。
Shuòshì yánjiūshēng jiǎnchēng

博士研究生简称 ＿＿＿＿＿＿＿＿＿＿ 。
Bóshì yánjiūshēng jiǎnchēng

初级中等教育学历考试简称 ＿＿＿＿＿＿＿＿＿＿ 。
Chūjí zhōngděng jiàoyù xuélì kǎoshì jiǎnchēng

全国普通高等学校招生入学考试简称 ＿＿＿＿＿＿＿＿＿＿ 。
Quánguó pǔtōng gāoděng xuéxiào zhāoshēng rùxué kǎoshì jiǎnchēng

研究生入学考试简称 ＿＿＿＿＿＿＿＿＿＿ 。
Yánjiūshēng rùxué kǎoshì jiǎnchēng

第十课

2.2　了解中国教育制度
Liǎojiě Zhōngguó jiàoyù zhìdù

1　中国实行九年义务教育。
　　Zhōngguó shíxíng jiǔ nián yìwù jiàoyù.

2　中国的中小学分小学、初中、高中三个阶段。
　　Zhōngguó de zhōng-xiǎoxué fēn xiǎoxué、chūzhōng、gāozhōng sān gè jiēduàn.

3　满六岁入学。
　　Mǎn liù suì rùxué.

4　小学毕业以后免试上附近的初中。如果择校要报名考试。
　　Xiǎoxué bìyè yǐhòu miǎnshì shàng fùjìn de chūzhōng. Rúguǒ zéxiào yào bàomíng kǎoshì.

5　初中入学年龄12至13岁。毕业后考高中或其他中等学校。
　　Chūzhōng rùxué niánlíng 12 zhì 13 suì. Bìyè hòu kǎo gāozhōng huò qítā zhōngděng xuéxiào.

6　高中上三年，毕业以后考大学或者大专。
　　Gāozhōng shàng sān nián, bìyè yǐhòu kǎo dàxué huòzhě dàzhuān.

7　大学本科四到五年，毕业后能得到学士学位。专科无学位。
　　Dàxué běnkē sì dào wǔ nián, bìyè hòu néng dédào xuéshì xuéwèi. Zhuānkē wú xuéwèi.

8　大多数学校是公立的，少数是私立的，称作民办学校。
　　Dàduōshù xuéxiào shì gōnglì de, shǎoshù shì sīlì de, chēngzuò mínbàn xuéxiào.

2.3　对比和讨论
Duìbǐ hé tǎolùn

说说你们国家的教育制度。几岁入学，上几年小学、初中和高中？义务教育是多少年？升学要考试还是根据学习成绩？交不交学费？公立和私立学校的学历有什么不同？大学入学年龄多少岁？入学或选学专业有限制吗？生活、学习等费用靠学生自己、靠父母还是奖学金？

Shuōshuo nǐmen guójiā de jiàoyù zhìdù. Jǐ suì rùxué, shàng jǐ nián xiǎoxué、chūzhōng hé gāozhōng? Yìwù jiàoyù shì duōshao nián? Shēngxué yào kǎoshì háishi gēnjù xuéxí chéngjì? Jiāo bù jiāo xuéfèi? Gōnglì hé sīlì xuéxiào de xuélì yǒu shénme bùtóng? Dàxué rùxué niánlíng duōshao suì? Rùxué huò xuǎnxué zhuānyè yǒu xiànzhì ma? Shēnghuó、xuéxí děng fèiyòng kào xuésheng zìjǐ、kào fùmǔ háishi jiǎngxuéjīn?

2.4 上网搜索
Shàngwǎng sōusuǒ

1 上百度百科或其他网站搜索"高考"，查高考的历史、制度、时间、参加人数、录取、招生学校等资料。

Shàng Bǎidù Bǎikē huò qítā wǎngzhàn sōusuǒ "gāokǎo", chá gāokǎo de lìshǐ、zhìdù、shíjiān、cānjiā rénshù、lùqǔ、zhāoshēng xuéxiào děng zīliào.

2 接着查下面的信息：
Jiēzhe chá xiàmiàn de xìnxī:

社会对高考的反应
Shèhuì duì gāokǎo de fǎnyìng

家长对高考的态度
Jiāzhǎng duì gāokǎo de tàidu

考生心情
Kǎoshēng xīnqíng

考前准备
Kǎo qián zhǔnbèi

考场纪律
Kǎochǎng jìlù

建议：分工合作，交流信息。
Jiànyì: Fēngōng hézuò, jiāoliú xìnxī.

第十课

3　传统教育　Chuántǒng Jiàoyù

3.1　查资料做注释
Chá zīliào zuò zhùshì

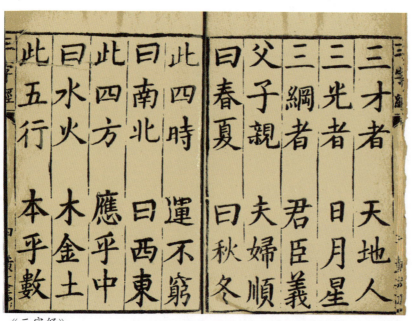

《三字经》

一百多年以前，中国小学生的课本主要有《三字经》[1]、《百家姓》[2]、《千字文》[3]、《四书五经》[4]。内容包括语言文字、历史文化、思想道德。当时老师要求学生把书背下来，因为人们普遍相信，要理解一篇文章，就要阅读千百遍。

Yìbǎi duō nián yǐqián, Zhōngguó xiǎoxuéshēng de kèběn zhǔyào yǒu «Sānzì Jīng»[1]、«Bǎijiā Xing»[2]、«Qiānzì Wén»[3]、«Sìshū Wǔjīng»[4]. Nèiróng bāokuò yǔyán wénzì、lìshǐ wénhuà、sīxiǎng dàodé. Dāngshí lǎoshī yāoqiú xuésheng bǎ shū bèi xiàlái, yīnwèi rénmen pǔbiàn xiāngxìn, yào lǐjiě yì piān wénzhāng, jiù yào yuèdú qiān-bǎi biàn.

注释：[1]《三字经》是……
　　　　[2]《百家姓》……
　　　　[3]《千字文》……
　　　　[4]《四书五经》……

3.2 阅读
Yuèdú

道光二十七年（1847年）某私塾的一天
Dàoguāng èrshíqī nián (1847 nián) mǒu sīshú de yì tiān

早上，孩子们排队走进教室。进门以后，先拜孔子像，再给老师鞠躬，然后开始上课。

他们先将前一天学的课重新说一遍，再背一卷书，然后学新课文。老师一字一字地讲解课文。讲完以后，学生将老师的话复述一遍，然后念一百遍课文。开始慢慢地念，以后快念，一个字也不能念错。还要注意声调和语气。要是念得不熟，还得再念一百遍。

下午，先在教室外面走三百步，练习射箭。然后写一、两张大字，复习旧课并且背下来。晚上念诗。

下课的时候，学生们还得再拜一次孔子像和老师。老师允许他们离开教室以后，他们才能安静地走出去。

Zǎoshang, háizimen páiduì zǒujìn jiàoshì. Jìnmén yǐhòu, xiān bài Kǒngzǐ xiàng, zài gěi lǎoshī jūgōng, ránhòu kāishǐ shàngkè.

Tāmen xiān jiāng qián yì tiān xué de kè chóngxīn shuō yí biàn, zài bèi yí juàn shū, ránhòu xué xīn kèwén. Lǎoshī yí zì yí zì de jiǎngjiě kèwén. Jiǎngwán yǐhòu, xuésheng jiāng lǎoshī de huà fùshù yí biàn, ránhòu niàn yìbǎi biàn kèwén. Kāishǐ mànman de niàn, yǐhòu kuài niàn, yí gè zì yě bù néng niàncuò. Hái yào zhùyì shēngdiào hé yǔqì. Yàoshi niàn de bù shú, hái děi zài niàn yìbǎi biàn.

Xiàwǔ, xiān zài jiàoshì wàimiàn zǒu sānbǎi bù, liànxí shèjiàn. Ránhòu xiě yì、liǎng zhāng dà zì, fùxí jiù kè bìngqiě bèi xiàlái. Wǎnshang niàn shī.

Xiàkè de shíhou, xuéshēngmen hái děi zài bài yí cì Kǒngzǐ xiàng hé lǎoshī. Lǎoshī yǔnxǔ tāmen líkāi jiàoshì yǐhòu, tāmen cái néng ānjìng de zǒu chūqù.

（参考：《中国近代教育史资料》，上册86页）
(Cānkǎo:《Zhōngguó Jìndài Jiàoyù Shǐ Zīliào》, shàngcè 86 yè)

第十课

4 在中国留学的经历 Zài Zhōngguó Liúxué de Jīnglì

去年九月我第一次去了中国，在大连上了一年学。去中国以前我已经学过一年汉语，可是在大连的时候，天天都会在语言上受到挫折。很多事今天回想起来，感到很可笑，当时可是一点儿也不觉得好玩儿。

Qùnián Jiǔyuè wǒ dì-yī cì qùle Zhōngguó, zài Dàlián shàngle yì nián xué. Qù Zhōngguó yǐqián wǒ yǐjīng xuéguo yì nián Hànyǔ, kěshì zài Dàlián de shíhou, tiāntiān dōu huì zài yǔyán shang shòudào cuòzhé. Hěn duō shì jīntiān huíxiǎng qǐlái, gǎndào hěn kěxiào, dāngshí kěshì yìdiǎnr yě bù juéde hǎowánr.

第一天开始了，在火车站下了车以后，我叫了一辆出租汽车，却一句话都没敢跟司机说。几个小时以后，我试着跟中国人说了几句话，可是他们听不懂，只是笑着对我摇摇手。我现在还清清楚楚地记得当时我的傻样。

Dì-yī tiān kāishǐ le, zài huǒchēzhàn xiàle chē yǐhòu, wǒ jiàole yí liàng chūzū qìchē, què yí jù huà dōu méi gǎn gēn sījī shuō. Jǐ gè xiǎoshí yǐhòu, wǒ shìzhe gēn Zhōngguórén shuōle jǐ jù huà, kěshì tāmen tīng bu dǒng, zhǐshì xiàozhe duì wǒ yáoyao shǒu. Wǒ xiànzài hái qīngqīngchǔchǔ de jìde dāngshí wǒ de shǎ yàng.

到大连的时候是晚上，已经快九点了，天黑黑的。我很饿，就走进一家饭店，看见有的顾客正在结账，有的正在往外走。看来快要关门了。后来我才知道，北方人晚饭吃得很早。服务员问我要吃什么。我学过一些菜名，可是一个也想不起来了，只还记得"猪肉炒白菜"，我就要了一个。第一个星期里我一直吃猪肉炒白菜。现在我对这个菜一点儿兴趣也没有了。

Dào Dàlián de shíhou shì wǎnshang, yǐjīng kuài jiǔ diǎn le, tiān hēihēi de. Wǒ hěn è, jiù zǒujìn yì jiā fàndiàn, kànjiàn yǒude gùkè zhèngzài jiézhàng, yǒude zhèngzài wǎng wài zǒu. Kànlái kuàiyào guānmén le. Hòulái wǒ cái zhīdào, běifāngrén wǎnfàn chī de hěn zǎo. Fúwùyuán wèn wǒ yào chī shénme. Wǒ xuéguo yìxiē càimíng, kěshì yí gè yě xiǎng bu qǐlái le, zhǐ hái jìde "zhūròu chǎo báicài", wǒ jiù yàole yí gè. Dì-yī gè xīngqī li wǒ yìzhí chī zhūròu chǎo báicài. Xiànzài wǒ duì zhège cài yìdiǎnr xìngqù yě méiyǒu le.

慢慢地我有了进步。到快回国前，我能跟人谈话，也能看简单的文章了。参加婚礼和给朋友祝贺生日的时候，我学了一些在这样的场合应该说的话，比如"早生贵子"、"白头到老"、"多福多寿"。看人吵架的时候，我还学了几句骂人的话，在这儿就不举例了。

Mànmàn de wǒ yǒu le jìnbù. Dào kuài huíguó qián, wǒ néng gēn rén tánhuà, yě néng kàn jiǎndān de wénzhāng le. Cānjiā hūnlǐ hé gěi péngyou zhùhè shēngrì de shíhou, wǒ xuéle yìxiē zài zhèyàng de chǎnghé yīnggāi shuō de huà, bǐrú "zǎo shēng guìzǐ"、"bái tóu dào lǎo"、"duō fú duō shòu". Kàn rén chǎojià de shíhou, wǒ hái xuéle jǐ jù màrén de huà, zài zhèr jiù bù jǔlì le.

学汉语有三个问题让我最伤脑筋：一是发音，尤其是声调；二是读文章的速度；三是写字。很多汉字我认识，但是写不出来。我常常觉得自己很笨，不管学什么，学了就忘。当然我找到了一些方法。但是说实话，我还是学得太慢，忘得太快。今后还得继续努力。

Xué Hànyǔ yǒu sān gè wèntí ràng wǒ zuì shāng nǎojīn: yī shì fāyīn, yóuqí shì shēngdiào; èr shì dú wénzhāng de sùdù; sān shì xiě zì. Hěn duō Hànzì wǒ rènshi, dànshì xiě bu chūlái. Wǒ chángcháng juéde zìjǐ hěn bèn, bùguǎn xué shénme, xuéle jiù wàng. Dāngrán wǒ zhǎodàole yìxiē fāngfǎ. Dànshì shuō shíhuà, wǒ háishi xué de tài màn, wàng de tài kuài. Jīnhòu hái děi jìxù nǔlì.

快要回国的时候，我参加了HSK，考了七级。其实我没有好好准备，根本没想到能得这么好的分儿，心里充满了成就感，感到自己还是够聪明的。

Kuàiyào huíguó de shíhou, wǒ cānjiāle HSK, kǎole qī jí. Qíshí wǒ méiyǒu hǎohǎo zhǔnbèi, gēnběn méi xiǎngdào néng dé zhème hǎo de fēnr, xīnli chōngmǎn le chéngjiùgǎn, gǎndào zìjǐ háishi gòu cōngmíng de.

5   汉语水平考试   Hànyǔ Shuǐpíng Kǎoshì

5.1   考试简介
Kǎoshì jiǎnjiè

汉语水平考试（HSK）是中国在国内和国外举办的语言能力考试，考察考生用汉语学习、生活和工作的能力。HSK证书是外国学生在中国上大学的录取条件之一。许多外国大学也承认HSK证书。
考试分成不同等级。母语非汉语的人都可以参加考试。

第十课

Hànyǔ Shuǐpíng Kǎoshì (HSK) shì Zhōngguó zài guónèi hé guówài jǔbàn de yǔyán nénglì kǎoshì, kǎochá kǎoshēng yòng Hànyǔ xuéxí、shēnghuó hé gōngzuò de nénglì. HSK zhèngshū shì wàiguó xuéshēng zài Zhōngguó shàng dàxué de lùqǔ tiáojiàn zhī yī. Xǔduō wàiguó dàxué yě chéngrèn HSK zhèngshū.

Kǎoshì fēnchéng bùtóng děngjí. Mǔyǔ fēi Hànyǔ de rén dōu kěyǐ cānjiā kǎoshì.

5.2 做模拟考试，了解自己的汉语水平
Zuò mónǐ kǎoshì, liǎojiě zìjǐ de Hànyǔ shuǐpíng

现在你已经学完了《中国话》。你有条件参加汉语水平考试，并且很有希望拿到中级证书。我们建议你考试以前做一些准备：阅读考试大纲，了解考试项目，体验试题难度，掌握答题速度。这方面的资料很丰富，有模拟试题集，也有网站，让你随时随地轻松地测考，并对自己的汉语能力进行评价。如果你参加汉语水平考试的话，祝你取得好成绩。

Xiànzài nǐ yǐjīng xuéwánle «Zhōngguóhuà». Nǐ yǒu tiáojiàn cānjiā Hànyǔ Shuǐpíng Kǎoshì, bìngqiě hěn yǒu xīwàng nádào zhōngjí zhèngshū. Wǒmen jiànyì nǐ kǎoshì yǐqián zuò yìxiē zhǔnbèi: yuèdú kǎoshì dàgāng, liǎojiě kǎoshì xiàngmù, tǐyàn shìtí nándù, zhǎngwò dátí sùdù. Zhè fāngmiàn de zīliào hěn fēngfù, yǒu mónǐ shìtí jí, yě yǒu wǎngzhàn, ràng nǐ suíshí suídì qīngsōng de cèkǎo, bìng duì zìjǐ de Hànyǔ nénglì jìnxíng píngjià. Rúguǒ nǐ cānjiā Hànyǔ Shuǐpíng Kǎoshì dehuà, zhù nǐ qǔdé hǎo chéngjì.

练习
Liànxí

1A　翻译"为、为了" Fānyì "wèi、wèile"

1　他能到国外留学，全家人都为他高兴。
　　Tā néng dào guówài liúxué, quánjiārén dōu wèi tā gāoxìng.

2　为人民服务。
　　Wèi rénmín fúwù.

3　为朋友们的健康干杯。
　　Wèi péngyǒumen de jiànkāng gānbēi.

4　为《人民日报》写报道。
　　Wèi «Rénmín Rìbào» xiě bàodào.

5　为了能让孩子上一所好中学，他花了不少钱。
　　Wèile néng ràng háizi shàng yì suǒ hǎo zhōngxué; tā huāle bù shǎo qián.

6　她想考电影学院，是为了当一名演员。
　　Tā xiǎng kǎo diànyǐng xuéyuàn, shì wèile dāng yì míng yǎnyuán.

1B　构词 Gòucí

好	字	预	知	复	改	练	描	惯	认	人
hǎo	zì	yù	zhī	fù	gǎi	liàn	miáo	guàn	rèn	rén

识	认识			述
shí				shù

爱				习
ài				xí

第十课

2

2A　搭配　**Dāpèi**

1	北京师范大学 Běijīng Shīfàn Dàxué		A	世卫
2	北京图书馆 Běijīng Túshūguǎn		B	奥运
3	高等学校 gāoděng xuéxiào		C	欧洲
4	高中三年级 gāozhōng sān niánjí		D	北师大
5	欧罗巴洲 Ōuluóbā Zhōu		E	高校
6	环境保护 huánjìng bǎohù		F	环保
7	世界卫生组织 Shìjiè Wèishēng Zǔzhī		G	北图
8	奥林匹克运动会 Àolínpǐkè Yùndònghuì		H	高三

2B　找不同　**Zhǎo bùtóng**

例子: Lìzi:	中考 zhōngkǎo	高考 gāokǎo	考研 kǎoyán	~~考试~~ ~~kǎoshì~~
1	学制 xuézhì	入学 rùxué	升学 shēngxué	毕业 bìyè
2	公立 gōnglì	建立 jiànlì	私立 sīlì	民办 mínbàn
3	学士 xuéshì	博士 bóshì	学位 xuéwèi	硕士 shuòshì
4	限制 xiànzhì	择校 zéxiào	录取 lùqǔ	招生 zhāoshēng

2C 构词 Gòucí

聊	专	初	所谓	本	外	年	升	数	毕
liáo	zhuān	chū	suǒwèi	běn	wài	nián	shēng	shù	bì
学	作	内	高	职	中	工	盐	农	
xué	zuò	nèi	gāo	zhí	zhōng	gōng	yán	nóng	

级	中级
jí	
业	
yè	
科	
kē	
无	
wú	

2D 翻译 Fānyì

1. Mit _____ Jahren wird man eingeschult.
2. Die Grundschule dauert vier bis sechs Jahre.
3. Die Schulpflicht dauert in der Regel neun Jahre.
4. An den öffentlichen Schulen werden keine Schulgebühren erhoben.
5. Mit schlechten Zeugnisnoten wird man nicht versetzt（留级）.
6. Nach Abschluss des Gymnasiums kann man prüfungsfrei an die Hochschule.
7. In einigen Studienfächern gibt es eine Zulassungsbeschränkung.
8. Ich habe vor, im kommenden Jahr die Prüfung an die Hochschule abzulegen.

第十课

2E 选读 Xuǎndú

高三作息表

其实，我的学习作息表在初三的时候就有了，那是爸爸妈妈为我参加中考时准备的。上了高中三年级以后，爸爸说："情况会比中考时紧张得多。为了考上一所好大学，你必须把时间安排得更紧。"让我马上做高三的第一张作息表：

5点：起床	13点到16点半：上四节课
5点10分：穿衣洗脸	16点到18点：两节晚自习
5点20分：吃早点	18点到18点半：骑自行车回家
5点35分：离开家，骑车上学	18点40分到19点30分：吃饭，同时看新闻
6点到8点：早自习	19点30分到21点：做作业
8点到11点半：上四节课	21点10分到23点30分：复习、预习
12点：自习	

父亲对这张"作息表"比较满意，他加了一句话说："重在质量。"他话中有话，因为在准备中考时我常常在最后一个多小时里累极了，对着书本睡着了……

3

3A 构词 Gòucí

shi 是使十时事室市石师试史式世仕匙士失始实柿视识诗适食

事故 shìgù	大使 dàshǐ	其 qí	饮 yǐn	界 jiè
望 wàng	头 tou	电 diàn	考 kǎo	人 rén
方 fāng	教 jiào	候 hou	子 zi	女 nǚ
认 rèn	但 dàn	三 sān	钥 yào	老 lǎo
合 hé	历 lì	城 chéng	开 kāi	护 hù

3B 选词填空 Xuǎn cí tiánkòng

普遍 pǔbiàn	普通 pǔtōng	重新 chóngxīn	再 zài

1 以前我们 ＿＿＿＿＿＿ 认为，流氓才文身。
　Yǐqián wǒmen　　　　　rènwéi, liúmáng cái wénshēn.

2 学习外语就是背了就忘，忘了 ＿＿＿＿＿＿ 背。
　Xuéxí wàiyǔ jiù shì bèile jiù wàng, wàngle　　　bèi.

3 电脑死机了。我刚写的东西都没了，都得 ＿＿＿＿＿＿ 写。
　Diànnǎo sǐjī le. Wǒ gāng xiě de dōngxi dōu méi le, dōu děi　　　xiě.

4 这不是高考，只是一场 ＿＿＿＿＿＿ 的考试。
　Zhè bú shì gāokǎo, zhǐ shì yì chǎng　　　de kǎoshì.

第十课

3C 选词填空 **Xuǎn cí tiánkòng**

遍   骗   编   扁   篇
biàn *piàn* *biān* *biǎn* *piān*

这 ＿＿＿＿＿ 文章我看了好几 ＿＿＿＿＿ ，是一位医生 ＿＿＿＿＿ 写的，
Zhè *wénzhāng wǒ kànle hǎojǐ* , *shì yí wèi yīshēng* *xiě de,*

讲姑娘们嫌鼻子 ＿＿＿＿＿ ，做手术垫鼻子，经常受 ＿＿＿＿＿ 。
jiǎng gūniangmen xián bízi , *zuò shǒushù diàn bízi, jīngcháng shòu* .

3D 用"一……也/都"强调 **Yòng "yī … yě/dōu" qiángdiào**

例句： 不能念错字。（一个）   一个字也不能念错。
        Bù néng niàncuò zì. (yí gè)   *Yí gè zì yě bù néng niàncuò.*

1 工人不搬家具。（一件）
   Gōngrén bù bān jiājù. (yí jiàn)

2 这儿没有人。（一个）
   Zhèr méiyǒu rén. (yí gè)

3 我不想吃饭。（一口）
   Wǒ bù xiǎng chīfàn. (yì kǒu)

4 他不会写汉字。（一个）
   Tā bú huì xiě Hànzì. (yí gè)

5 这个故事片儿没有意思。（一点儿）
   Zhège gùshìpiānr méiyǒu yìsi. (yìdiǎnr)

6 他不会说法语。（一句）
   Tā bú huì shuō Fǎyǔ. (yí jù)

4

4A　造句 Zàojù

例句：　看来，（饭馆关门）　　　　　看来，饭馆快要关门了。
Lìjù:　Kànlái, (fànguǎn guānmén)　　Kànlái, fànguǎn kuàiyào guānmén le.

1　他已经买上了房子，（搬家）
　　Tā yǐjīng mǎishàngle fángzi, (bānjiā)

2　他病好多了，（出院）
　　Tā bìng hǎo duōle, (chūyuàn)

3　课文已经讲完了，（下课）
　　Kèwén yǐjīng jiǎngwán le, (xiàkè)

4　客人都来了，（吃饭）
　　Kèrén dōu lái le, (chīfàn)

4B　重叠形容词，改写句子　Chóngdié xíngróngcí, gǎixiě jùzi

例句1：　上课很好地听讲。　　　　上课好好（地）听讲。
Lìjù 1:　Shàngkè hěn hǎo de tīngjiǎng.　Shàngkè hǎohǎo (de) tīngjiǎng.

例句2：　晚上，天很黑。　　　　　晚上，天黑黑的。
Lìjù 2:　Wǎnshang, tiān hěn hēi.　Wǎnshang, tiān hēihēi de.

1　这位姑娘比较胖，眉毛挺粗，嘴很小，像唐朝仕女图上的妇女。
　　Zhè wèi gūniang bǐjiào pàng, méimao tǐng cū, zuǐ hěn xiǎo, xiàng Tángcháo Shìnǚtú
　　shang de fùnǚ.

2　医生告诉病人，他没有得肝炎。病人快乐地回家了。
　　Yīshēng gàosu bìngrén, tā méiyǒu dé gānyán. Bìngrén kuàilè de huíjiā le.

3　张大妈很喜欢她的新住房，她高兴地说，厨房很干净，
　　Zhāng dàmā hěn xǐhuan tā de xīn zhùfáng, tā gāoxìng de shuō, chúfáng hěn gānjìng,

　　炉灶很亮，周围很安静。她在那儿住得很舒服。
　　lúzào hěn liàng, zhōuwéi hěn ānjìng. Tā zài nàr zhù de hěn shūfu.

4　搬家工人很慢地走进房间里，把沙发椅很重地放到地上，
　　Bānjiā gōngrén hěn màn de zǒujìn fángjiān li, bǎ shāfāyǐ hěn zhòng de fàngdào dìshang,

　　然后很长地出了一口气，很快地走了。
　　ránhòu hěn cháng de chūle yì kǒu qì, hěn kuài de zǒu le.

第十课

4C　选词填空　Xuǎn cí tiánkòng

只是　　只　　　根本　　根据　　尤其　　当然
zhǐshì　　zhǐ　　gēnběn　　gēnjù　　yóuqí　　dāngrán

1　这篇文章是 ＿＿＿＿＿＿《中国青年报》改写的。
　　Zhè piān wénzhāng shì　　《Zhōngguó Qīngniánbào》gǎixiě de.

2　中学生的学习都很紧张，＿＿＿＿＿＿是高三的学生。
　　Zhōngxuéshēng de xuéxí dōu hěn jǐnzhāng,　　shì gāo-sān de xuésheng.

3　这套住房房租很便宜，＿＿＿＿＿＿要800块钱。
　　Zhè tào zhùfáng fángzū hěn piányi,　　yào 800 kuài qián.

4　考试以前我问老师问题，老师＿＿＿＿＿＿说："你平常应该多练习！"
　　Kǎoshì yǐqián wǒ wèn lǎoshī wèntí, lǎoshī　　shuō: "Nǐ píngcháng yīnggāi duō liànxí!"

5　他从来不做练习，＿＿＿＿＿＿考不好。
　　Tā cónglái bú zuò liànxí,　　kǎo bu hǎo.

6　这点儿小病＿＿＿＿＿＿用不着吃药。
　　Zhè diǎnr xiǎo bìng　　yòng bu zháo chī yào.

4D　翻译　Fānyì

1　孩子张着嘴睡觉。
　　Háizi zhāngzhe zuǐ shuìjiào.

2　老师站着讲课，学生坐着聊天。
　　Lǎoshī zhànzhe jiǎngkè, xuésheng zuòzhe liáotiān.

3　朋友们笑着说："祝你生日快乐！"
　　Péngyoumen xiàozhe shuō: "Zhù nǐ shēngrì kuàilè!"

4　青年喜欢听着音乐走路。
　　Qīngnián xǐhuan tīngzhe yīnyuè zǒulù.

5　先生在阳台上站着看远山。
　　Xiānsheng zài yángtái shang zhànzhe kàn yuǎn shān.

6　没有椅子，他们靠着墙坐在地上。
　　Méiyǒu yǐzi, tāmen kàozhe qiáng zuòzài dìshang.

5

5A 构词 Gòucí

切	考	制	免	行	态	表	其	话	难
qiē	kǎo	zhì	miǎn	xíng	tài	biǎo	qí	huà	nán
绩	就	题	变	赞	重	速	卷	造	调
jì	jiù	tí	biàn	zàn	zhòng	sù	juàn	zào	diào/tiáo

度　调度
dù

成
chéng

实
shí

试
shì

5B 选词填空 Xuǎn cí tiánkòng

想到	没想到	记得	记住	记不住	回想	想起来	想不起来
xiǎngdào	méi xiǎngdào	jìde	jìzhu	jì bu zhù	huíxiǎng	xiǎng qǐlái	xiǎng bu qǐlái

1　年轻的祥子只 _____ 怎么买车，怎么建立家庭，
　　Niánqīng de xiángzi zhǐ　　zěnme mǎi chē, zěnme jiànlì jiātíng,

　　这两件事他都办不到。
　　zhè liǎng jiàn shì tā dōu bàn bu dào.

2　老人喜欢 _____ 很久以前的生活。他们 _____ 四五岁时
　　Lǎorén xǐhuan　　hěn jiǔ yǐqián de shēnghuó. Tāmen　　sì wǔ suì shí

　　发生的事，却 _____ 新认识的人叫什么名字。
　　fāshēng de shì, què　　xīn rènshi de rén jiào shénme míngzi.

3　我觉得 _____ 生词不很难。难的是需要用生词的时候，
　　Wǒ juéde　　　　shēngcí bù hěn nán. Nán de shì xūyào yòng shēngcí de shíhou,

　　能 _____ 。很多生词我不是 _____ ，但是一到考试的时候，
　　néng　　　　　. Hěn duō shēngcí wǒ bú shì　　　　, dànshì yí dào kǎoshì de shíhou,

　　我就 _____ 。
　　wǒ jiù　　　　.

5C　选词填空　Xuǎn cí tiánkòng

场合	情况	条件	环境
chǎnghé	qíngkuàng	tiáojiàn	huánjìng

1　医生说，病人的 _____ 不太好，必须做手术。可是他们医院
　　Yīshēng shuō, bìngrén de　　　　bú tài hǎo, bìxū zuò shǒushù. Kěshì tāmen yīyuàn

　　_____ 不够，做不了。
　　　　bú gòu, zuò bu liǎo.

2　以前在公共 _____ 男女不准手拉手散步。
　　Yǐqián zài gōnggòng　　　　nán nǚ bù zhǔn shǒu lā shǒu sànbù.

3　那个演员在重要的 _____ 穿错了衣服。
　　Nàge yǎnyuán zài zhòngyào de　　　　chuāncuòle yīfu.

4　这套住房 _____ 很差，周围 _____ 也不太好，噪音太大。
　　Zhè tào zhùfáng　　　　hěn chà, zhōuwéi　　　　yě bú tài hǎo, zàoyīn tài dà.

5D　选词填空　Xuǎn cí tiánkòng

并且	看来	不管	……的话	然后	后来
bìngqiě	kànlái	bùguǎn	… dehuà	ránhòu	hòulái

1　现在 _____ ，祥子的理想很简单，但是当时很难实现。
　　Xiànzài　　　　, Xiángzi de lǐxiǎng hěn jiǎndān, dànshì dāngshí hěn nán shíxiàn.

2　_____ 孩子想当什么，父母都要他考大学。
　　　　háizi xiǎng dāng shénme, fùmǔ dōu yào tā kǎo dàxué.

3 　蔬菜瓜果都很新鲜，＿＿＿＿＿＿＿没有农药。
Shūcài guāguǒ dōu hěn xīnxiān, 　méiyǒu nóngyào.

4 　孔子认为＿＿＿＿＿＿学生的情况怎么样，都可以教育。
Kǒngzǐ rènwéi 　xuésheng de qíngkuàng zěnmeyàng, dōu kěyǐ jiàoyù.

5 　《三字经》开始的几句话的意思是，人不学习＿＿＿＿＿＿，就会变坏。
«Sānzi Jīng» kāishǐ de jǐ jù huà de yìsi shì, rén bù xuéxí 　, jiù huì biànhuài.

6 　私塾里的孩子学习文化知识，＿＿＿＿＿＿练习射箭。
Sīshú li de háizi xuéxí wénhuà zhīshi, 　liànxí shèjiàn.

7 　我知道这位游客打算先去上海，＿＿＿＿＿＿去云南，可是我不知道
Wǒ zhīdào zhè wèi yóukè dǎsuàn xiān qù Shànghǎi, 　qù Yúnnán, kěshì wǒ bù zhīdào

他＿＿＿＿＿＿去了哪儿。
tā 　qùle nǎr.

8 　在孩子＿＿＿＿＿＿医生很伟大。
Zài háizi 　yīshēng hěn wěidà.

5E 怎么翻译"评价、项目、能力"
Zěnme fānyì "píngjià、xiàngmù、nénglì"

1 　要在这个地方建工厂，先得做环境影响评价。
Yào zài zhège dìfang jiàn gōngchǎng, xiān děi zuò huánjìng yǐngxiǎng píngjià.

2 　做教学评价，要看上课的情况，学生的成绩和意见，老师的方法等等。
Zuò jiàoxué píngjià, yào kàn shàngkè de qíngkuàng, xuésheng de chéngjì hé yìjiàn,
lǎoshī de fāngfǎ děngdeng.

3 　在银行换好钱以后，可以在服务评价器上留下您的意见，可以选择
"非常好"、"好"或者"差"。
Zài yínháng huànhǎo qián yǐhòu, kěyǐ zài fúwù píngjiàqì shang liúxià nín de yìjiàn,
kěyǐ xuǎnzé "fēicháng hǎo"、"hǎo" huòzhě "chà".

4 　气候变暖是全世界进行的重要研究项目。
Qìhòu biànnuǎn shì quán shìjiè jìnxíng de zhòngyào yánjiū xiàngmù.

5 　学校的运动会一般都有长跑、短跑、跳高、跳远这些运动项目。
Xuéxiào de yùndònghuì yìbān dōu yǒu chángpǎo、duǎnpǎo、tiàogāo、tiàoyuǎn zhèxiē
yùndòng xiàngmù.

第十课

6　　学习能力不是天生的，是培养出来的。
　　　　Xuéxí nénglì bú shì tiānshēng de, shì péiyǎng chūlái de.

7　　这位小姐生活能力太差，连饭都不会做。
　　　　Zhè wèi xiǎojiě shēnghuó nénglì tài chà, lián fàn dōu bú huì zuò.

8　　虽然大家都知道学历不一定能说明工作能力，可是如果没有学历就很难找到理想的工作。
　　　　Suīrán dàjiā dōu zhīdào xuélì bù yídìng néng shuōmíng gōngzuò nénglì, kěshì rúguǒ méiyǒu xuélì jiù hěn nán zhǎodào lǐxiǎng de gōngzuò.

9　　这所学校注意培养学生的外语能力。
　　　　Zhè suǒ xuéxiào zhùyì péiyǎng xuésheng de wàiyǔ nénglì.

5F　选读　Xuǎndú

齐如山《七十年前小学童》

（从前）……农商人家的子弟，是先念《百家姓》，后念《千字文》。因为他们，大多数将来是不想念书的，只求认识几个字就够了，所以《百家姓》最为要紧，有的人念完《百家姓》就算毕了业。要想学做买卖，还得多学几年。凡一开首，就念《三字经》的人，大多数都是将来想接着读书的。
……

那时候念书，先生只管念，不给你讲，不但此，就是以后念《四书》，也是光念不讲。从前南方，或北方大城中，念书的情形好的多，到了北方乡间，就差多了。儿童念书，要到十岁以上方才连读带讲，这个名词叫做开讲。
……

我曾听到过，一位老师给学生讲《论语》，"子曰学而时习之，不亦说乎"一节，他说："子是孔子，曰是说话，学是学，而是虚字眼，时是时候，习是练习，之是虚字眼，不是不，亦是也，说是高兴，乎是虚字眼。"
按他这样讲法，并不算错，但是学生怎么能够明了呢？更说不到感兴趣了。
……

现在的教授法，比从前好的多。现在是头一天教给几个字，第二天上堂，要问你懂不懂，会写不会写；如果不懂，再给你讲，不会写，再教你写。这有多方便，多有兴趣。从前不是这样子：最初教给你几个字；过些日期，指给你几行书，使你念，念熟了，只有一背，绝对不懂，不给讲解，只教给念。并且有事老师出门，或者去看田地，只留下一群儿童，有时或托付邻家，代为暗听，是否儿童们都曾念了没有。所以非念不可，常常的喊哑了嗓子。老师回来的太晚了，就不背书便放学。这可以说是喊了半天，等于白念。

……

（现在）上课的方法好。每上一堂，中间总有几分钟休息的时间，且每堂的功课，也不一种。这便可以使脑思轻松，学生不会感觉痛苦烦闷。从前则是六点多钟起，来到书房就念，念到七点多钟，吃早饭，吃完了又去念，到十二点钟，吃午饭，吃过后又去念，到六点钟吃晚饭，若在冬天，吃饭后，又念到十点钟。这一天才算完。念书的时候，什么事情都不许做，连大小便都得领出恭签，签上照例写着"出恭入敬"四字，出恭完后，回去交了签，别人才许领签出去。因为恐怕二人一同出去打架，才有这种规定。有的活泼一点儿童，不见得真要小便，只因想出去活泼活泼，休息休息，也要领签，所以有时老师也要出去查一查，看看他真有大便没有。倘乎没有，还要责罚。从前有一首诗，咏这件事情：

领得恭签把屎拉，肚中无屎怎能拉，
骑着狗屎充拉屎，老师说是他才拉。

这首诗的意思，是说从前北方厕所，多无坑，都是平地上蹲着出恭，儿童没有大便，又怕老师来查，所以找了一摊狗屎，骑在上边蹲着，作为自己所拉。果能老师来查，问他做什么呢？他说拉屎呢。老师问哪是你所拉之屎？他指着狗屎说道，这不是嘛！老师怒说：你瞎说！那是我才拉的。所以有这首诗，这固然是笑谈，然确也有这种情形。

……

选自 《齐如山随笔》

方知用功

语法
Yǔfǎ

3

3.2

(223) **Hervorhebung mit "yī … yě/dōu" + Negation** 用"一……也/都"加否定强调
Die unterstrichenen Satzglieder stehen immer vor dem negierten Verb.

一个字也不能念错。
Yí gè zì yě bù néng niàncuò.

4

(13) **Verdoppelung der Adjektive** 形容词重叠
Durch Verdoppelung erhöht sich der Intensitätsgrad der Adjektive. Einsilbige Adjektive werden nach dem Muster AA verdoppelt, zweisilbige nach dem Muster AABB.
Verdoppelte Adjektive dürfen nicht mit einem Gradadverb modifiziert werden.

黑黑　　　　清清楚楚
hēihēi　　　qīngqīngchǔchǔ

Beachte: In der mündlichen Sprache wird die zweite Silbe der AABB-Verdoppelung in der Regel im neutralen Ton, in der AA-Verdoppelung häufig mit "ér 儿" suffigiert und im ersten Ton ausgesprochen.

清清楚楚地记得　　　　清清楚楚地记得
qīngqīngchǔchǔ de jìde　　qīngqingchǔchǔ de jìde

好好听讲！　　　　　　好好儿听讲！
Hǎohǎo tīngjiǎng!　　　Hǎohāor tīngjiǎng!

(04)　Verdoppelung der Nomen　名词重叠

Verdoppelte Nomen bezeichnen das Einzelne im Kollektiv.

我天天都会在语言上受到挫折。
Wǒ tiāntiān dōu huì zài yǔyán shang shòudào cuòzhé.

(117)　Neue Situation in der nahen Zukunft　变化态

Die Adverbien "kuài, kuàiyào" zusammen mit der satzabschliessenden Partikel "le" bezeichnet eine Handlung oder ein Geschehen in der unmittelbaren Zukunft.

快九点了。
Kuài jiǔ diǎn le.

看来快要关门了。
Kànlái kuàiyào guānmén le.

(93)　Verben in Serie mit "zhe"　连动句

Die Partikel "zhe" signalisiert hier, dass während der ersten Handlung gleichzeitig eine zweite stattfindet. In der deutschen Sprache wird das erste Verb mit der Partikel (V1+着) häufig mit dem Partizip Präsenz ("lächelnd") wiedergegeben.

他笑着对我摇摇手。
Tā xiàozhe duì wǒ yáoyao shǒu.

生词
Shēngcí

	B	zhíyè	(N)	职业	Beruf, Beschäftigung

1.1

	X	zhǎngdà	(V+K)	长大	gross werden, erwachsen werden
	A	wěidà	(Adj)	伟大	gross, bedeutend
	A	wèi	(Präp)	为	für, wegen
	B	chóngxīn	(Adv)	重新	von neuem, noch einmal
	A	shíxiàn	(V)	实现	verwirklichen
	A	zhīshi	(N)	知识	Kenntnis, Wissen
	B	tīngjiǎng	(V+O)	听讲	im Unterricht aufpassen, einem Vortrag zuhören
	A	rènzhēn	(Adj)	认真	gewissenhaft
	A	wánchéng	(V)	完成	vollenden
	C	péiyǎng	(V)	培养	ausbilden
	B	yǒuyòng	(V+O)	有用	nützlich
	B	nàixīn	(Adj)	耐心	geduldig
	A	guānxīn	(V+O)	关心	sich bemühen, fürsorglich sein
	D	shēngchǎn diàodù		生产调度	Produktionsleiter
	X	dǎzìyuán	(N)	打字员	Schreibkraft

1.2

	C	mèngxiǎng	(V/N)	梦想	träumen; Traum
	D	xuélì	(N)	学历	Schulbildung

第十课

3

3.1

A	kèběn	(N)	课本	Lehrbuch
X	jīng	(N)	经	kanonische Bücher, Klassiker
A	nèiróng	(N)	内容	Inhalt
B	dàodé	(N)	道德	Moral, Ethik
B	dāngshí	(N)	当时	damals
B	pǔbiàn	(Adj)	普遍	allgemein, weitverbreitet
A	xiāngxìn	(V)	相信	glauben, überzeugt sein
A	piān	(ZEW)	篇	(ZEW für Aufsatz)
A	wénzhāng	(N)	文章	Artikel, Aufsatz

3.2

X	Dàoguāng	(EN)	道光	(Regierungsdevise von Kaiser Xuanzong, 1821–1850)
X	sīshú	(N)	私塾	traditionelle Privatschule
C	bài	(V)	拜	Ehre erweisen, anbeten
X	Kǒngzǐ	(EN)	孔子	Konfuzius
A	xiàng	(N)	像	Bildnis
D	jūgōng	(V+O)	鞠躬	sich verneigen
B	jiāng	(Präp)	将	(kennzeichnet obligatorische Angabe mit Objektbedeutung, wie "bǎ")
C	juàn	(ZEW)	卷	Band (für traditionelles Werk)
D	jiǎngjiě	(V)	讲解	erläutern
B	fùshù	(V)	复述	nacherzählen
A	shēngdiào	(N)	声调	Konturton
B	yǔqì	(N)	语气	Tonfall, Intonation
A	shú	(Adj)	熟	vertraut, geübt
X	shèjiàn	(V+O)	射箭	Bogenschiessen
B	yǔnxǔ	(V)	允许	erlauben
A	líkāi	(V+K)	离开	verlassen
C	jìndài	(N)	近代	Neuzeit

B	cè	(ZEW)	册	Band
A	yè	(ZEW)	页	Seite

4

B	jīnglì	(V/N)	经历	erleben; Erlebnis
C	cuòzhé	(N)	挫折	Dämpfer, Rückschlag
C	huíxiǎng	(V)	回想	zurückdenken
A	gǎndào	(V)	感到	sich fühlen, finden
C	kěxiào	(Adj)	可笑	lustig, lächerlich
B	hǎowánr	(Adj)	好玩儿	amüsant
X	huǒchēzhàn	(N)	火车站	Bahnhof
A	xiào	(V)	笑	lachen
X	yáoshǒu	(V+O)	摇手	(ab)winken (Zeichen der Ablehnung)
B	jìde	(V)	记得	sich erinnern
B	kànlái	(Konj)	看来	den Anschein machen
X	kuàiyào	(Adv)	快要	bald
B	xìngqù	(N)	兴趣	Interesse
B	jìnbù	(N/V)	进步	Fortschritt; sich weiterentwickeln
X	hūnlǐ	(N)	婚礼	Hochzeit
B	zhùhè	(V)	祝贺	gratulieren
A	shēngrì	(N)	生日	Geburtstag
C	chǎnghé	(N)	场合	Gelegenheit, Umstände
D	fú	(N)	福	Glück
X	shòu	(N)	寿	langes Leben
C	chǎojià	(V+O)	吵架	streiten
B	mà	(V)	骂	fluchen
X	jǔlì	(V+O)	举例	Beispiel anführen
X	shāng nǎojīn	(V+O)	伤脑筋	Kopfzerbrechen bereiten
X	fāyīn	(V/N)	发音	Aussprache
B	bèn	(Adj)	笨	dumm
B	bùguǎn	(Konj)	不管	egal
A	fāngfǎ	(N)	方法	Methode, Mittel
X	shuō shíhuà	(V+O)	说实话	ehrlich gesagt

第十课

A	jìxù	(V)	继续	fortfahren, weitermachen
A	nǔlì	(Adj)	努力	fleissig
A	fēnr	(N)	分儿	Punkt, Note
B	chéngjiùgǎn	(N)	成就感	Erfolgsgefühl, Erfogserlebnis
B	cōngmíng	(Adj)	聪明	intelligent

5

A	shuǐpíng	(N)	水平	Niveau

5.1

C	jǔbàn	(V)	举办	veranstalten
B	nénglì	(N)	能力	Fähigkeit
B	kǎochá	(V)	考察	überprüfen, untersuchen
C	zhèngshū	(N)	证书	Zertifikat
B	zhī yī		之一	einer von
C	chéngrèn	(V)	承认	anerkennen
D	děngjí	(N)	等级	Stufe, Grad
B	fēi	(Präfix)	非	nicht

5.2

X	mónǐ	(V)	模拟	simulieren
X	dàgāng	(N)	大纲	Curriculum
B	xiàngmù	(N)	项目	Aufgabe, Programm
X	shìtí	(N)	试题	Prüfungsfrage
D	nándù	(N)	难度	Schwierigkeitsgrad
A	zhǎngwò	(V)	掌握	beherrschen
B	jí	(N)	集	Sammlung
D	suíshí suídì		随时随地	jederzeit und überall
X	cèkǎo	(V)	测考	Probeprüfung machen
A	jìnxíng	(V)	进行	vornehmen, durchführen
C	píngjià	(V/N)	评价	beurteilen
B	... dehuà	(Part)	……的话	falls
A	qǔdé	(V)	取得	bekommen

Fùlù

附录

本教材为初级汉语教材，共四册，配CD。

《中国话》，上册5篇课文，以拼音为主，汉字为辅。第一、二课配有语音练习。下册5篇课文，以汉字为主，拼音为辅。每篇课文分成4到5节，每课生词约有200个，配有语法说明及练习。各册约需150个大学学习课时。每册附光盘一张，含听力录音、示范朗读、生词总表和插图，教师可使用插图制作PPT。下册光盘附有暗记（Anki）软件制作的上下册生词卡片，免费下载暗记软件后可使用。

《中国字》以简体字为主，兼及繁体，分上下两册。上册《中国字·书写》，前9课，学习汉字94个，介绍汉字常识与书写须知，练习书写。后5课，学习汉字200个，与《中国话》相配，学习课文中高频常用汉字，共需30课时。下册《中国字·认知》，认知汉字，共15课，约600常用汉字（含《中国字·书写》所学300个），约需30课时。

- 本教材以富含中国文化信息的日常生活内容为背景，将帮助学习者学习地道的汉语，了解中国，便于进行跨文化交际。

- 课文按话题设计，讲求真实语言材料，体裁由题材决定。

- 语法和词汇学习的进展由话题决定，让语言规则在其原生土壤中得以自然重现。

- 汉语教学与汉字教学先分头进行，再融合同步，有利于难度不一的听说读写各项技能的均衡发展与相互促进。

- 每一个学习单位都是开放的，根据实际教学的条件和需要，教师有扩大缩小语言材料的自由空间。

参考资料：

《中国汉语水平考试大纲[HSK]（基础）》，现代出版社，1989

《中国汉语水平考试大纲[HSK]（初、中等）》，现代出版社，1989

《中国汉语水平考试大纲[HSK]》（高等）》，现代出版社，1989

《现代汉语常用词表（草案）》，商务印书馆，2008

《新华拼写词典》，商务印书馆，2002

《现代汉语词典》，商务印书馆，2005

照片　　Tobias Tritschler, Du Zhijun, Yang Honggang, Brigitte Kölla